史鉴

司马迁评史

王文豪 编著

党建读物出版社

司马迁像

司马迁（前145年或前135年—？），字子长，西汉夏阳（今陕西韩城）人，汉武帝时历任太史令、中书令，他以“究天人之际，通古今之变，成一家之言”的史识创作了中国第一部纪传体通史《史记》。

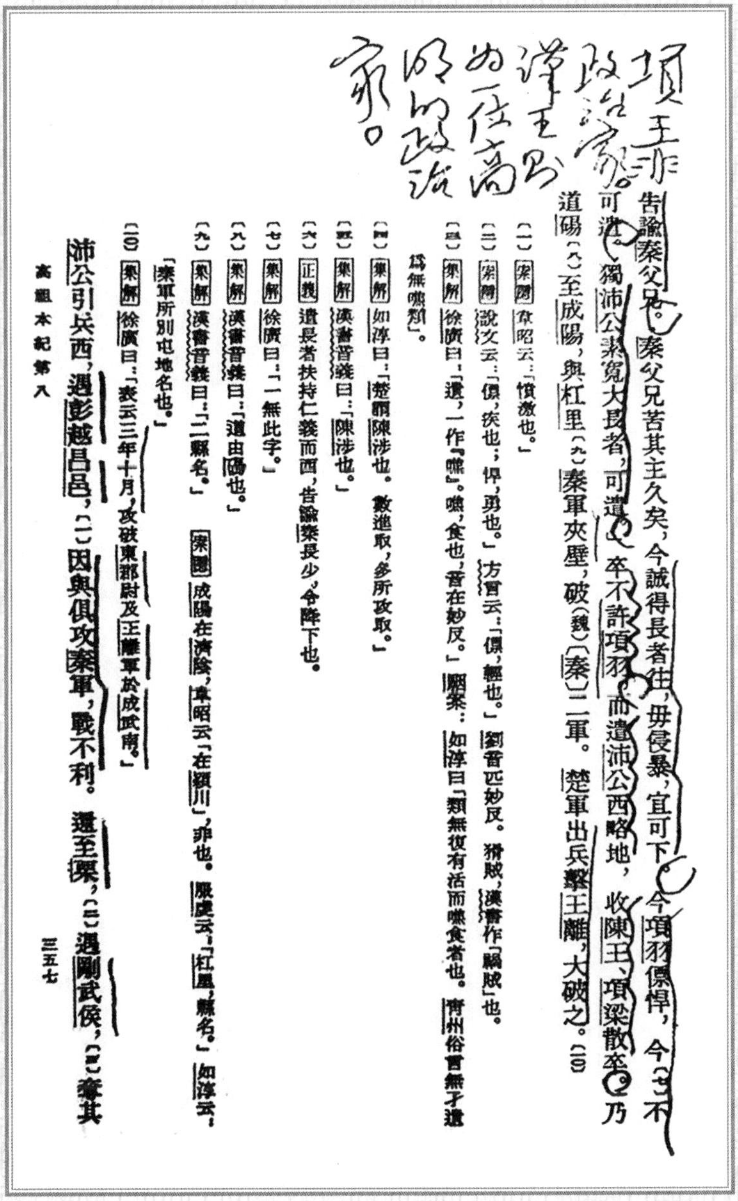

告諭秦父兄。秦父兄苦其主久矣，今誠得長者往，毋侵暴，宜可下。今項羽僄悍，今〔三〕不可遣。獨沛公素寬大長者，可遣。卒不許項羽，而遣沛公西略地，收陳王、項梁散卒。乃道碭，〔八〕至成陽，與杠里〔九〕秦軍夾壁，破（魏）〔秦〕二軍。楚軍出兵擊王離，大破之。〔一〇〕

〔一〕索隱韋昭云：「慣激也。」

〔二〕索隱說文云：「僄，疾也；悍，勇也。」方言云：「僄，輕也。」劉音匹妙反。猾賊，漢書作「禍賊」也。

〔三〕集解徐廣曰：「遺，一作『噍』。噍，食也，音在妙反。」駰案：如淳曰「類無復有活而噍食者也。青州俗言無孑遺爲無噍類」。

〔四〕集解如淳曰：「楚嚮陳涉也。數進取，多所攻取。」

〔五〕集解漢書音義曰：「陳涉也。」

〔六〕正義遣長者扶持仁義而西，告諭秦長少，令降下也。

〔七〕集解徐廣曰：「一無此字。」

〔八〕集解漢書音義曰：「道由碭也。」

〔九〕集解漢書音義曰：「二縣名。」索隱成陽在濟陰，韋昭云「在潁川」，非也。服虔云：「杠里，縣名。」如淳云：「秦軍所別屯地名也。」

〔一〇〕集解徐廣曰：「表云三年十月，攻破東郡尉及王離軍於成武南。」

沛公引兵西，遇彭越昌邑，〔一〕因與俱攻秦軍，戰不利。還至栗，〔二〕遇剛武侯，〔三〕奪其

毛泽东批注《史记》

前言一

对于中国人来说，司马迁与《史记》并不陌生。《史记》中的部分名篇以节录的方式进入语文教材，成为国人接受古文教育的范本。《陈涉世家》中的“燕雀安知鸿鹄之志”、《廉颇蔺相如列传》中的“负荆请罪”和《项羽本纪》中的“鸿门宴”等典故已成为我们共同的文化记忆，塑造了中国人的精神气质和文化品格。

《史记》位列二十四史之首，首创的纪传体为后世官修正史所继承。司马迁以一己之力通贯记述从黄帝到汉武帝太初四年（公元前 101 年）共计三千多年的历史，可谓空前绝后。《史记》被鲁迅先生誉为“史家之绝唱，无韵之离骚”，具有重要的史学价值和文学价值。

司马迁，字子长，夏阳（今陕西韩城）人，大约生于汉景帝、武帝年间（一说为公元前 145 年，一说为公元前 135 年）。司马迁的一生有两个重要的时间节点：元封三年（公元前 108 年）和天汉二年（公元前 99 年）。

元封三年，司马迁接替过世的父亲司马谈担任太史令，开始撰写《太史公书》，即后世通称的《史记》，直至去世。

天汉二年，司马迁因替李陵投降匈奴一事辩护，惹怒了汉武帝，拟被判处死刑。后被处以宫刑代替，侥幸免于一死。这对于司马迁来说无疑是奇耻大辱。在《报任安书》中，司马迁将侮辱划分为十个等级，宫刑则是最耻辱的一种。司马迁每念及此事便神情恍惚，因羞愧而汗流不止，甚至浸透衣衫。即便如此，司马迁仍然选择隐忍苟活，唯一的目的就是用自己的生命完成《史记》。

《史记》全书一百三十篇，共计五十二万余字。司马迁创造了一种新的史书体例——纪传体。在此之前，史书编纂大致有编年体和国别体两种。前者以《春秋》为代表，其特点是以时间为线索编排相关史事。后者以《国语》为代表，其特点是以国家为单位叙述历史。司马迁所开创的纪传体则以人物为中心，通过人物活动记录历史。根据不同人物的身份地位，将其分为本纪、世家和列传。

本纪一般记录帝王历史，共十二篇，自上古黄帝起至汉武帝止。世家记录各诸侯国的兴衰历史，共三十篇。列传记录大臣和其他知名人物的事迹，边疆少数民族的史实亦记录在内，共计七十篇。司马迁不拘一格地将项羽和吕后二人视作掌握实际权力的帝王归入本纪，把孔子一介布衣列为世家，又为诸如游侠、刺客、商人和优伶等三教九流立传，体现了他独特的历史观。除了本纪、世家和列传，《史记》中还有书和表两种形式。司马迁编纂了八篇书以梳理包括天文历法在内的相关制度，又通过十张表（格）整理了重要历史人物与活动。这一全新的编纂体例为此后正史所继承。

作为史官，司马迁努力做到客观真实记录历史，但这并不意味着他没有自己的价值判断。其个人对于历史的看法，有不少体现在每篇末尾的“太史公曰”中，这些是展现司马迁史才、史学、史识的重要内容。本书选取了 66 条“太史公曰”，对其进行了注释、翻译和讲评，以点带面、史论结合，以此展现《史记》之精要。司马迁成长的时代恰是汉朝由弱至强，从清静无为到积极进取的武帝朝。他亲身经历了这一帝国盛世，但就其个人遭遇来说，这一盛世不但对其无所助益，甚至几乎摧毁了他的人生。因此，司马迁对于个人命运与历史进程之间的关系往往有着更为复杂的态度，他更在意盛世之下个人的不同遭遇，尤其对那些在暴力和强权之下的失败者给予更大的同情与理解。这在诸如《李将军列传》和《游侠列传》等篇目中表现尤为明显。这些都充分体现了司马迁作为史家的人文关怀，《史记》也因此彰显出独特的人文魅力。

总之，《史记》作为传统正史的起点，为其后中国历史的书写树立了一个极高的标准。司马迁“究天人之际，通古今之变，成一家之言”的修史宣言也成为此后史家不懈的追求。但是，“太史公曰”与后世史书的“论赞”有着明显区别，有的立论奇异，甚至近乎游谈，有的只是对传主生平做简单归纳和补充说明，这与司马迁的时代和遭遇是分不开的。但这并不会掩盖他的思想光芒。希望读者能够跳出其历史局限性，取其精华，去其糟粕，获得有益的启迪。

目录一

壹

自以为功过五帝，地广三王

——评秦始皇功过

太史公曰：秦之先伯翳，尝有勋于唐虞之际，受土赐姓。及殷夏之间微散。至周之衰，秦兴，邑于西陲。自缪公[①]以来，稍蚕食诸侯，竟成始皇。始皇自以为功过五帝[②]，地广三王[③]，而羞与之侔。善哉乎贾生推言之也！

卷六·秦始皇本纪

【注释】

① 缪公：即秦穆公（？—前621），任用百里奚、蹇叔、由余等为谋臣，励精图治，富国强兵，开地千里，成为春秋五霸之一。在位三十九年，谥号穆。

② 五帝：相传上古的五位帝王。其说不一，司马迁

的观点是：黄帝、颛顼、帝喾、尧、舜（《世本》《大戴礼·五帝德》《史记·五帝本纪》）。

③ 三王：夏禹、商汤以及周代文王、武王的合称。

【译文】太史公说：秦国的祖先伯翳，曾经在唐虞时立有大功，所以才被分封土地，赐姓嬴，到夏商时就衰落了。等到周朝势衰，秦国兴起，建城池于西北边陲。从秦穆公开始慢慢蚕食诸侯，最终成就了秦始皇的统一霸业。秦始皇自认为功劳超过五帝，领土比三王还广，便羞于和三皇五帝并论，自称皇帝。关于这个问题，贾谊在《过秦论》中说得非常精当啊！

【讲评】《秦始皇本纪》记载了秦始皇前期统一六国的过程和称帝后的一系列制度建设。秦始皇作为千古一帝，兼并六国，完成了统一，对远超过去的广袤疆土实行有效统治；制定一系列制度，奠定了后世历朝历代基本的制度格局，对后世产生深远影响。后人常将“秦皇汉武、唐宗宋祖”并称，既显示出中国历史的延续性，亦可见秦始皇的历史地位。

建立秦朝后，嬴政自称“始皇帝”，开始着手进行一系列的制度建设。他废除周朝实行了八百年的分封制，建立郡县制，分天下为三十六郡，每郡设郡守、丞尉和监御史，由朝廷任命；

统一度量衡、货币和文字，实现“车同轨、书同文”；熔铸天下兵器造十二铜人放置宫中。此外，他又在南方设置桂林、象郡、南海等郡加强对边疆统治，派蒙恬修筑驰道、直道和长城，以抵御匈奴。历法上，根据五德终始说，嬴政定秦为水德，尚黑，以十月初一为元旦。文化上，他听从李斯建议，焚书坑儒，除实用的农书、医书等，其余全部毁弃。秦虽二世而亡，但秦朝的制度建设都以政治遗产的形式被汉代和以后的王朝所继承，故有“百代都行秦政法”之说。

司马迁对秦始皇统一六国的功绩是肯定的。后世如柳宗元者认为“秦失在政，不在于制”，肯定了秦朝的一系列制度建设。但是秦朝施政过于急迫严苛，残暴程度超过了社会所能承受的极限。西汉人贾谊对此深有体悟，他在《过秦论》中指出秦朝灭亡在于其暴虐不仁，“仁义不施而攻守之势异也”。连年战争之后，本应与民休息，大施仁义，但秦始皇却延续了此前的苛政，甚至变本加厉，建阿房宫、筑长城、修皇帝陵，这些都耗费了大量民力，激化了社会矛盾。陈胜、吴广揭竿起义，天下人云集响应、赢粮景从，可见苦秦久矣。故而，秦朝的暴政也一直为后世引以为戒。

贰

自矜功伐，奋其私智

——评项羽之败

太史公曰：吾闻之周生曰“舜目盖重瞳子”，又闻项羽亦重瞳子。羽岂其苗裔邪？何兴之暴也！夫秦失其政，陈涉[①]首难，豪杰蜂起，相与并争，不可胜数。然羽非有尺寸，乘执起陇亩之中，三年，遂将五诸侯灭秦，分裂天下而封王侯，政由羽出，号为“霸王”，位虽不终，近古以来未尝有也。及羽背关怀楚，放逐义帝[②]而自立，怨王侯叛己，难矣。自矜功伐，奋其私智而不师古，谓霸王之业，欲以力征经营天下，五年卒亡其国，身死东城，尚不觉寤而不自责，过矣。乃引“天亡我，非用兵之罪也”，岂不谬哉！

卷七·项羽本纪

【注释】

① 陈涉：即陈胜，秦末农民起义领袖。秦二世元年（前209），陈胜、吴广率先起义，在陈县（今河南淮阳）建立张楚政权。后兵败被杀。

② 义帝：名心，楚怀王熊槐孙。秦二世二年（前208），项梁立之为楚怀王；三年（前207），项羽自立为西楚霸王，尊怀王为义帝。汉高祖元年（前206），项羽迁义帝于长沙郴县（今湖南郴县），密令击杀之。

【译文】太史公说：我听闻周生说“舜的眼睛有两个瞳孔”，又听说项羽也是这样。项羽难道是舜的后代吗？不然他为什么会发达得如此之快！秦朝暴政，陈涉首先起义，各路豪杰蜂拥而起，竞相争夺，数不胜数。但项羽并没有尺寸封地为根基，只是趁势兴起于民间，三年时间，就统率齐、赵、韩、魏、燕五路诸侯灭掉了秦朝，分封天下，政令都由项羽发出，自称“霸王”，尽管他的地位没有保持很久，但也是近古以来所未曾有过的。等到项羽放弃关中，在楚国彭城建都，流放楚怀王之孙义帝熊心，自立为王，又埋怨诸侯背叛自己，这时候再想成大事就难了。他自夸战功，竭力施展个人的小聪明却不肯师法古人，认为霸王基业要建立在武力征伐的基础上，结果五年就亡国了，身死东城，还不觉悟不自责，这就是项羽的错了。临死前竟然还拿“是上天要亡我，不是我用兵的过错”这种话来为自己开脱，这难道不荒谬吗！

【讲评】《项羽本纪》是《史记》中的名篇，“鸿门宴”“项庄舞剑意在沛公”“人为刀俎，我为鱼肉”“四面楚歌”和“霸王别姬”等典故均出自此篇，项羽也作为悲剧英雄成为后世文人吟咏的对象。

项羽，名籍，本是楚国贵族，其祖父是楚国名将项燕，被秦将王翦所杀。项氏是楚国将门之家，因封地在项城，所以姓项。

项羽小时候就有一些异于常人的地方，他身长八尺，力能扛鼎，又才气过人，吴中子弟都敬畏项羽。有一次项羽看到秦始皇巡游会稽，脱口而出“彼可取而代也”，显见其不俗的志向。陈胜、吴广大泽乡起义后，年仅二十四岁的项羽跟着项梁起兵反秦，可谓少年英雄。巧合的是，陈胜本是楚人，项梁和项羽也是楚人，秦灭六国时，时人有“楚虽三户，亡秦必楚”

一语，不想一语成谶。

项羽打仗勇猛无比，项梁被秦将章邯所杀后，项羽以一己之力独自对抗秦军。巨鹿之战中，项羽的起义军人数远少于章邯的秦军，于是项羽渡过漳河后，便将船只全部凿毁，做饭的锅瓦一并砸烂，只保留三天粮食，以示和秦军决一死战，成语“破釜沉舟”便出于此。楚军勇猛作战，九战九胜，随后又收编了章邯的部队。经此一役，项羽凭借着自己的勇武奠定了在诸侯中的地位。

然而，项羽优柔寡断、刚愎自用、目光短浅的缺点和他勇猛善战的优点同样明显。所以像韩信这样的名将在看穿项羽的弱点后，都义无反顾地走向了刘邦的阵营。比如，项羽年少时学书和剑都半途而废，后来项梁让其学“万人敌”的兵法，项羽也未能坚持。又如，士兵生病了，项羽会关心，但将领立下战功，却舍不得裂土封侯。再如，在分封诸侯时，项羽赏罚不均，将自己的群臣诸将分封在善地，其他诸侯则封在偏远地区。项羽甚至还驱逐赵王，令其北徙至代地，引起了很多诸侯的不满。齐王田荣甚至因为在项羽分封十八诸侯时未获封赏，后来竟起兵反抗项羽。分封一事本可将诸侯变成自己的助力，以此进一步巩固自己的地位。但因项羽的私心，分封诸侯反而成了称霸的绊脚石。再如鸿门宴一事，项羽当断不断，以致刘邦逃走，最后连他身边唯一的谋士范增都说项羽“竖子不足与谋”。

由上可见，项羽虽然勇猛过人，但他对自己的武力太过自信，缺乏气度、胸怀和智谋。项羽能以勇猛善战和个人魅力吸引一小部分人的追随，比如垓下之围，身边尚有壮士骑从八百余人愿意追随左右，最终力战而死；霸王别姬一幕，虞姬对霸王的生死不离更是令人动容。但夺取天下仅靠这些是不够的，项羽无法像刘邦那样笼络人心，将更多人的力量汇聚在一起为己所用，只靠一己之力，最终兵败乌江。

虽然司马迁对项羽的遭遇给予了无限的同情，但最终对他的评价还是非常客观的：自夸战功，只有个人的勇力和小聪明，临死还不觉悟，把自己的失败归结为老天爷要亡自己。这些都是项羽这个盖世英雄身上值得我们警戒的地方。

叁

承敝易变，使人不倦

——评刘邦得天下

太史公曰：夏之政忠。忠之敝，小人以野，故殷人承之以敬。敬之敝，小人以鬼，故周人承之以文。文之敝，小人以僿，故救僿莫若以忠。三王之道若循环，终而复始。周秦之间，可谓文敝矣。秦政不改，反酷刑法，岂不缪乎？故汉兴，承敝易变，使人不倦，得天统矣。朝以十月。车服黄屋左纛①。葬长陵②。

卷八·高祖本纪

【注释】

① 黄屋左纛：黄屋，即古代皇帝车上用黄缯做里子的

车盖。纛是古代皇帝车上用犛牛尾做的装饰物，因设在车衡的左边，故称左纛。黄屋左纛代指帝王的乘舆。

② 长陵：汉高祖刘邦陵墓，位于今陕西咸阳市东北。

【译文】太史公说：夏朝的政治教化以质朴忠厚为本。忠厚的弊端是百姓粗野少礼，所以商朝代之以恭敬。恭敬的弊端在于使得百姓相信鬼神，所以周朝以文治天下。文治的弊端在于使百姓只讲表面的礼节，而内心却不诚恳，救此弊病，没有什么比得上忠厚的。所以，夏商周三王之道相互循环、周而复始。周秦之间，弊病在于过分讲究礼仪。秦朝政治不但没有改变这种弊端，反而还更加严刑峻法，这不是很荒谬吗？汉朝建立，废秦苛法，与民休养生息，使老百姓不至于倦怠，这也符合天道。汉以十月为岁首。规定了车驾和服饰的制度，皇帝的车驾以黄缯为顶，在左侧边马的头顶上装有牦牛尾做的饰物。高祖驾崩后葬在长陵。

【讲评】本篇记述的是汉朝开国皇帝高祖刘邦。刘邦是沛县人，家中排行第三，所以也叫刘季。刘邦为人和项羽正好相反，项羽是楚国贵族之后，行为处事都有些贵族风范。但刘邦是平民出身，酒色财气样样都沾。这看起来不是什么好习惯，但相较于项羽，刘邦这些习惯更接近普通人，也因此更清楚大多数人的心理诉求。刘邦对部下往往能赐其所需，封赏群臣毫不吝惜，很能笼络人心。

陈涉起义后，刘邦响应号召，斩白蛇起义，追随项梁反秦。刘邦和项羽约定先入关中者为王。项羽英勇善战，击败了秦军主力，但也因此延误了时间，刘邦得以先项羽一步进入关中。刘邦约法三章，与民休息，封存秦朝宝库，然后还军霸上，很得民心。反观项羽屠城咸阳，杀秦王子婴，焚烧宫殿，二人所作所为，高下立判。范增就此看出刘邦的野心，认为其有志于天下，颇不简单。

刘邦还非常能隐忍。本来约定先入关中者为王，刘邦赢得了先机，但项羽凭借其军事和声望优势，强行把刘邦分封在巴蜀、汉中这些偏远地区以削弱其影响力，刘邦自忖实力不如项羽，默不作声。楚汉相持不下时，项羽前有刘邦对阵，后有彭越绝粮，情急之下扬言要烹煮刘邦的父亲以逼迫其下城。刘邦识破项羽的激将法，非但不生气，还要求到时候分他一杯羹，其隐忍如此，项羽也无可奈何。在楚汉相争的紧要关头，韩信要挟刘邦封他为假齐王。面对韩信的反复无常，刘邦强忍怒火，慷慨答应封其为真齐王。最终，刘邦因韩信这支决定性力量而夺得天下。刘邦手下的谋臣屡屡将其与项羽作比较，认为刘邦不管在个人才能还是军事力量等方面都不如项羽，对此刘邦也毫不生气，坦然承认自己的不足。

刘邦虽能力不强，武力和智谋都不及项羽等人，但他知人善任，善于借助外力达成目标。刘邦遇事最喜欢问的就是“为之奈何”，即这事儿该怎么办。汉朝建立后，他说：“夫运筹帷幄之中，决胜千里之外，吾不如子房。镇国家，抚百姓，给馈饷，不绝粮道，吾不如萧何。连百万之军，战必胜，攻必取，吾不如韩信。此三者，皆人杰也，吾能用之，此吾所以取天下也。”刘邦虽谋略不及张良，管理不如萧何，打仗不如韩信，论单项能力都不算突出，但刘邦善于用人，拥有整合资源的能力，这三人在刘邦手下各尽其才。除这三人外，刘邦手下还有郦食其、樊哙、黥布、陈平、周勃等谋臣武将，他们各自发挥长处，最终帮助刘邦战胜项羽。

刘邦为汉开国皇帝，身为汉臣的司马迁不可能在“太史公曰”中对刘邦做出太多评价，所以“太史公曰”部分有顾左右而言他之感。司马迁虽然对其建立汉朝后大肆诛杀功臣的做法有所不满，但对其所作所为依然秉笔直书，体现了司马迁不畏强权的正直品格。

肆

四十有余载，德至盛也

——评文帝仁政

太史公曰：孔子言“必世然后仁。善人之治国百年，亦可以胜残去杀”，诚哉是言！汉兴，至孝文四十有余载，德至盛也。廪廪乡改正服[①]封禅[②]矣，谦让未成于今。呜呼，岂不仁哉！

卷十·孝文本纪

【注释】

① 正服：古代礼仪所规定的正式场合所穿的服式，如朝服、祭服等。

② 封禅：古代帝王为表明自己受命于天所举行的祭祀天地的典礼。在泰山顶筑坛祭天称封，在泰山下梁父山辟场祭地称禅。秦始皇统一六国后，为夸示功业，于二十八

年（前219）按秦国祭祀上帝的礼仪封泰山、禅梁父。

【译文】太史公说：孔子说“治理国家一定要经过三十年的努力才可以成就仁政。贤能的人治国也要百余年的时间，才可以摒弃暴政，去除刑罚”。这话确实没错啊！汉朝建立，到孝文帝时已有四十多年，德政可以说已经达到鼎盛。按理说，差不多到了可以改正朔、易服色、行封禅的阶段了，但因文帝谦让和节俭，一直到今天都还没搞这些活动。哎，这真可谓是仁爱啊！

【讲评】本篇记述的是吕氏集团被诛灭后，汉文帝在群臣的拥护下进京继承皇位，实行一系列仁政的史事。在文帝的治理下，汉朝开始走向富强，这也为后来汉武帝的征伐奠定了坚实的物质基础。后世将文帝及其子景帝治理的时代并称为“文景之治”，以彰其功。

汉文帝刘恒是高祖第四子，最初被封为代王。按照嫡长子继承制，汉文帝以高祖庶子身份本不可能继位。吕氏族灭后，为保证朝政安稳，陈平、周勃等元老重臣认为一个不那么强势的皇帝更有利于形成君臣共治，身在外地、此前并不参与朝政的代王便是理想选择。由此也可看出，文帝的地位起初并不够稳固。汉文帝登基后，首先将自己的亲信宋昌、张武等人安排在卫将军和郎中令等关键位置上，控制军队和内廷，然后宣布吕氏为叛逆以示自己的正统。与此同时，文帝又重新安排陈平、周勃和灌婴等元老重臣的职务，完成对外廷的布置，并赏赐平叛功臣以安人心。

朝廷人事稳定后，汉文帝吸取了秦因苛政二世而亡的教训，废除连坐和肉刑，广开言路，与匈奴和亲以求和平，反对铺张浪费和劳民伤财，实行轻徭薄赋，通过仁政来争取民心，稳固地位。

文帝统治时期，表面一派平和，实则暗流涌动。对内，由于文帝权威不足，尽管其对削减地方势力煞费苦心，如将周勃等老臣派至各处封地以监督诸侯王，对诛灭诸吕功劳最大的朱虚侯刘章并未有特别赏赐以限制其势力，同时又封赏自己的儿子为王以钳制其他诸侯王等，但他对地方诸侯始终不敢轻举妄动。对外，因国力衰弱，面对匈奴骚扰时，文帝也只能以和亲为手段，不能像后来的汉武帝那样对外征伐。因此，文帝的执政相对来说较为弱势。

文帝的柔政归根结底是顺应了当时社会生产力发展的需求。汉朝刚刚建立，国力虚弱，中央根本无力采取强硬动作。休养生息，释放民间活力，便成了唯一可行的做法。汉朝经过长时间的清静无为，民间财富得以积累，国力逐渐恢复。但与此同时，各地诸侯王的势力也在此过程中坐大，尤其是坐拥山泽盐海之利的吴王和楚王更是尾大不掉，对中央集权构成了巨大威胁，这也埋下了景帝时“吴楚七国之乱”的祸根。地方割据成了文帝继承人景帝上台后首要解决的问题。

客观讲，汉文帝的一系列举措符合民生诉求，其本人谦抑自制，符合传统儒家对于贤明君主的期待。这篇本纪洋溢着司马迁对文帝的赞誉之情。但司马迁塑造这一理想帝王的形象还有另一层深意，即通过歌颂汉文帝的仁爱、贤良之举，暗讽汉武帝的好大喜功。

伍

安危之机，岂不以谋哉？

——评景帝削藩

太史公曰：汉兴，孝文施大德，天下怀安。至孝景，不复忧异姓，而晁错[①]刻削诸侯，遂使七国俱起，合从而西乡，以诸侯太盛，而错为之不以渐也。及主父偃[②]言之，而诸侯以弱，卒以安。安危之机，岂不以谋哉？

卷十一·孝景本纪

【注释】

① 晁错：西汉颍川人（今河南禹州）。景帝时，任御史大夫（副丞相），深受景帝信任。因建议削夺诸侯王封地，引发吴楚七国发动叛乱。朝廷为平息叛乱，诛杀晁错。

② 主父偃：西汉齐国临淄人（今山东淄博东北），复姓主父。武帝时建议颁布推恩令，即令诸侯王进一步将本国土地分封给子孙，以削弱诸侯王势力。后任齐国相，究治齐厉王淫佚之行，王惧而自杀。武帝怒其胁迫齐王致死，赵王又使人告发其收受诸侯馈赠，遂被族诛。

【译文】太史公说：汉朝初兴时，孝文帝普施仁政，天下安宁，老百姓都感怀皇帝的恩德。到了孝景帝时就不再担忧异姓诸侯造反了，但晁错用尽心思削夺诸侯的封地，于是导致吴楚七国同时起兵反叛，联兵向西。地方诸侯势力太过强大，而晁错却没有采取循序渐进、逐步削弱的策略。直到主父偃建议汉武帝实行“推恩令”，才把诸侯的势力削弱下去，国家最终安定下来。所以说，国家安危的关键，难道不在谋略吗？

【讲评】本篇讲述的是汉景帝的史事。景帝刘启是孝文帝排行居中的儿子，本来没有机会继承皇位。后来文帝皇后去世，其所生三子也都相继死去，最后轮到了景帝。西汉初年，因奉行黄老之术，与民休息，在文帝、景帝时期出现了“文景之治”。但《史记》中“孝文本纪”叙述详尽，而对景帝的记述仅以年月顺序述之，不甚详细，从中可见司马迁对文、景二帝态度有别。

如果仅从《孝景本纪》来看，汉景帝仅是个非常普通的皇帝。只有将其与《梁孝王世家》《魏其武安侯列传》《外戚世家》和《袁盎晁错列传》等并读，才能看出景帝的所作所为，以及景帝的个性和处事风格。

对内，汉景帝最棘手的是处理与母亲窦太后和弟弟梁孝王之间的关系。窦太后与汉文帝育有两子，长子汉景帝，次子梁孝王。窦太后对小儿子格外宠爱，甚至一直劝汉景帝百年后将皇位传于梁孝王，成就一桩兄终弟及的美事。汉景帝心中不愿，但并未过多表露。他一方面假意答应母亲窦太后的要求，另一方面又听从袁盎等人的意见，立胶东王为太子。梁孝王心怀恨意，派人刺杀袁盎。汉景帝果断下令捉拿刺客，并顺藤摸瓜追到梁孝王头上。后来梁孝王请求留在京师侍奉母后，汉景帝未答应以免再生事端。回到封地后，梁孝王郁郁寡欢，不久去世，景帝继承人问题以梁孝王之死宣告结束。

对外，景帝一朝面临最大的难题是中央集权政府与地方诸侯势力之间的矛盾。文帝时为稳定局势，对地方诸侯有所纵容，造成地方势力坐大。景帝即位后，听从晁错削藩意见，对诸侯王下手，吴王、楚王等地方诸侯借此起兵反叛，史称“吴楚七国之乱”。晁错削藩建议虽好，但骤然实施，引起地方暴乱。为平息众怒，景帝只好诛杀晁错，同时派周亚夫领兵平定叛乱。

司马迁认为汉景帝此举过于急躁，不够深思熟虑，不如武帝时期主父偃的“推恩令”循序渐进。此说固有一定道理，但武帝时期，经平定七国之乱，诸侯国势力受到根本性重创，中央权威已足以号令地方，推恩令的实施只是顺水推舟之举。景帝为武帝进一步削藩打下了基础。

总体看，景帝善于隐忍，杀伐果断，延续了文帝以来休养生息的政策，对外与匈奴和亲，对内发展国力，为武帝时期的鼎盛奠定了基础。只是在司马迁看来，景帝如此作为尚达不到贤君圣王的标准，因此记述从简。

陆

修善政以会盟诸侯

——评齐桓公霸业

太史公曰：吾适齐，自泰山属之琅邪[①]，北被于海，膏壤二千里，其民阔达多匿知，其天性也。以太公[②]之圣，建国本，桓公之盛，修善政，以为诸侯会盟，称伯，不亦宜乎？洋洋哉，固大国之风也！

卷三十二·齐太公世家

【注释】

① 琅邪：亦作“琅琊”或“瑯琊”，山名。故址在今山东省胶南县琅琊台西北。

② 太公：即姜太公，西周开国大臣。姜姓，吕氏，名尚，字子牙，号“太公望”。佐武王伐纣，灭商后受封于

营丘（后称临淄，今山东淄博东北），为齐国开国之君。

【译文】太史公说：我到齐国，从泰山一直到琅琊山，北至大海，土地肥沃宽广，绵延两千里，齐人大多胸襟开阔又深沉多智，这是他们的天性。凭着姜太公的圣明建立了齐国，齐桓公修行善政，把齐国带向强盛，最终在诸侯会盟中称霸，这些都顺理成章。这确实是泱泱大国的风范啊！

【讲评】本篇记述的是姜姓齐国自西周姜太公建国到齐康公身死国灭的历史。齐康公后田氏代齐，齐国国君由姜姓改为田姓，司马迁不再记述。关于田齐的历史，可参看《田仲敬完世家》。

西周初年分封天下时，姜太公因辅佐周武王灭商，深得武王信任，武王将齐地分封给姜太公以控制东夷。故齐国也被称为“姜齐”。姜齐历史上有两位最重要的君主，一位是姜太公，另一位是齐桓公。齐国幅员辽阔，物产丰饶，太公因地制宜，发展渔盐业，又根据当地风俗，简化礼仪，全面均衡发展齐国的农业、商业和手工业。一时间，齐国兴旺发达，百姓多来归附。齐国占尽天时地利，又有姜太公励精图治，很快成为大国。太公之后，齐国的另一明君是齐桓公。齐桓公是司马迁在本篇中重点描述的对象。

齐桓公的即位颇具传奇色彩。桓公之兄襄公当初曾醉酒杀害鲁桓公，又与鲁夫人通奸，诛杀臣民，屡屡失礼。弟弟们恐将来受此牵连，纷纷逃离。其中，公子纠因其母为鲁国公主，逃往鲁国；公子小白，也就是后来的齐桓公，则逃往莒国。襄公早年与公子无知结怨，无知心中怀恨，趁襄公受伤，进宫将其杀害，自己即位为齐君。桓公元年春天，无知出游雍林时，被素与无知有隙的雍林人袭杀。一时间，齐国群龙无首。听闻此讯，公子纠与公子小白争相回国，希望继承大统。最终，公子小白先到一步，被高傒立为国君，是为桓公。桓公即位后，擢用管仲为相，使齐国成为当时最富庶的国家。齐桓公会盟诸侯，尊王攘夷，成为春秋首位霸主。

桓公晚年因没有处理好继承人问题，死后五子争位，桓公尸身躺在床上六十七天，尸体上的蛆虫爬到门外也没人管。桓公以后，齐国再无明君，自此一蹶不振，最终被田氏取代。

柒

修行仁义，君子或以为多

——评宋襄公与泓水之战

太史公曰：孔子称“微子去之，箕子[①]为之奴，比干[②]谏而死，殷有三仁焉”。《春秋》讥宋之乱自宣公废太子而立弟，国以不宁者十世。襄公之时，修行仁义，欲为盟主。其大夫正考父美之，故追道契、汤、高宗，殷所以兴，作《商颂》。襄公既败于泓，而君子或以为多，伤中国阙礼义，褒之也，宋襄之有礼让也。

卷三十八·宋微子世家

【注释】

① 箕子：又称箕伯、箕仁。商纣之叔父，一说为庶

兄，任太师。纣王淫乱暴虐，屡谏不听，乃披发装疯为奴。周武王破商后，被释。

② 比干：又称王子比干、干叔。商纣之叔父，任少师。因直言谏纣，被杀剖心。

【译文】太史公说：孔子说，“微子离开殷商，箕子成为奴隶，比干因进谏被纣王所杀，殷朝有三位仁者啊”。《春秋》讥讽宋国的动乱始自宋宣公废太子，传位给自己的弟弟，国家因此十代不得安宁。宋襄公时，修行仁义，想做诸侯的盟主。大夫正考父赞美他，追述契、汤、高宗时代殷商兴盛的原因，作《商颂》篇。宋襄公在泓水吃了败仗，但君子还是认为他值得表扬，因为当时中原地区缺少礼教，而宋襄公此举有礼让的精神。

【讲评】本篇讲述的是宋国从微子启建国至灭亡的历史。微子启是商朝帝乙的长子，也就是商纣王的庶兄。纣王即位后荒淫无道，微子屡次进谏无果后出逃。武王伐纣后，恢复微子爵位。周公平定管蔡之乱后，又命微子代替武庚，在宋地建国，奉行殷朝宗庙的祭祀。因此，从封国属性来看，微子启的宋国既不像姜太公因功受封，也不似周公因周室宗亲受封，而是以前朝殷商后裔的身份受封。周天子如此分封微子启，主要还是为了安抚殷人，免生动乱。

宋国历史上最著名的事件是宋襄公的泓水之战。春秋首霸齐桓公去世后，宋襄公想接替齐桓公继任霸主。然而，楚成王亦有称霸的念头。成王在会盟时，不但毫不让步，还抓走了宋襄公，在齐鲁两国的劝解下，才放宋襄公回国。襄公十三年时，宋国进攻作为楚国附庸的郑国，郑国向楚国求救，宋楚两国在泓水对峙。战争伊始，楚军先渡泓水，大臣目夷劝襄公赶紧进攻。襄公认为此时冲杀过去不符合仁义之道，遂按兵不动。楚军上岸后，目夷又劝襄公赶紧进攻。襄公认为对方还没摆好阵势，此时进攻仍属不义之举，又未行动。等到楚军布完阵后把宋军杀得片甲不留。宋襄公自己也中箭受伤并在一年后去世。

历来对宋襄公的评价就有极端两面。有人认为宋襄公食古不化，太过迂腐，在战场上因所谓的仁义之道而屡次延误战机，最终导致失败，可谓咎由自取。也有人认为，宋襄公遵守礼仪，崇尚仁义，堪称君子。

司马迁在评论中褒扬了宋襄公修行仁义的行为，并称只要是君子都会认为襄公是值得褒扬的。在他看来，践行上古之道，维护周礼的尊严，即便失败也在所不惜，这才是贵族应有之举。宋襄公的行为展现的恰恰是贵族的尊严。反观其他诸侯“挟天子以令诸侯”，早已忘记了自己作为诸侯的责任。

君道之御其臣下，固不易哉

——评晋国兴衰

太史公曰：晋文公，古所谓明君也，亡居外十九年，至困约，及即位而行赏，尚忘介子推[①]，况骄主乎？灵公既弑，其后成、景致严，至厉大刻，大夫俱诛，祸作。悼公以后日衰，六卿[②]专权。故君道之御其臣下，固不易哉！

卷三十九 · 晋世家

【注释】

① 介子推：春秋时晋人。晋公子重耳流亡在外，介子推与狐偃等人跟从。路上缺乏食物，介子推割股肉食重耳。后重耳为君，赏赐跟随他的人却忘了介子推。介子推遂与其母俱隐入绵上山至死不出。晋文公闻其死，乃环绵

上山中而封之，曰“以记吾过，且旌善人。”也有另种说法，晋文公至绵上山求介子推出山未能成功，遂放火焚山逼其出山，介子推抱木焚死而不出。文公后悔之，令于介子推死之日禁火，即后世寒食节之来源。寒食禁火之俗附会于介子推，似魏晋以后之事，而焚死之说，则当时固已有之。屈原《九章·惜往日》云：“介子忠而立枯兮，文君寤而追求。封介山而为之禁兮，报大德之优游。”

② 六卿：春秋时晋国三军将、佐均由卿担任，合称六卿。以将中军者执国政，称为正卿。

【译文】太史公说：晋文公是古时候所谓的明君，逃亡在外十九年，极其艰难困苦，等到他即位成为晋君时，论功行赏尚且忘了介子推，更何况是骄横的君主？灵公已被杀害，之后的成公和景公极为严苛，等到了厉公时，更加苛刻，大夫害怕被他诛杀，因而祸乱兴起。悼公以后，晋国日渐衰败，六卿专权。因此说为君之道统御臣下是很不容易的！

【讲评】本篇记述了晋国从西周到春秋的兴衰历史，尤以晋文公为主。

晋文公重耳是晋献公之子、晋惠公之兄弟，其即位之路颇为曲折。早年，因受谗言接连遭到献公和惠公的追杀，一路逃难至狄国、齐国、曹国、宋国、郑国、楚国和秦国。重耳一路逃亡，受到齐桓公、宋襄公、楚成王和秦穆公的礼遇。齐桓公不但厚礼待之，还将宗室之女嫁给重耳。楚成王并不以重耳落难而对他冷淡，反以诸侯之礼相待，重耳也报以“他日若两军相见，当避王三舍”的承诺，这就是“退避三舍”这一成语的由来。最终，在秦穆公的支持下，六十二岁的重耳在逃亡十九年后回到晋国，执掌大权。

晋文公在位时，晋国在历史上实力最强，晋文公成为春秋五霸之一。晋文公内修善政，施惠百姓。他回国后，大封群臣，但唯独忘了曾助他一臂之力的介子推。介子推见状便离开了晋文公，后来晋文公屡召不至，于是便将介子推所入的绵上山一带封给他，以此表明自己的过失。

晋国称霸过程中，晋君为防止宗室势力强大，弃宗室而重用卿大夫，以致卿族势力不断壮大，甚至威胁到国君的统治，最终导致“三家分晋”，晋国解体。所谓“三家”是指韩、赵、魏三家卿族势力。卿族势力的强大，源于晋文公为与楚国争霸而建立的三军制度，即上、中、下三军，每军设一将一佐，称为“六卿”。三军制度创立伊始展现出强大的组织和动员能力，帮助晋文公在城濮之战中战胜楚国，奠定了其春秋霸主的基业。后来，掌握三军的卿族成为晋国的实际掌控者。平公时，还有六家，分别为范氏、中行氏、智氏、韩氏、赵氏和魏氏。晋国公室与卿族势力此消彼长，最终晋国公室权威不断下降，名存实亡。晋国末期的历史其实是掌握实权的六家卿族间的内斗史。范氏与中行氏最先出局，实力最为强大的智氏被韩、赵、魏三家联合击败，因三家实力相当，将晋国一分为三，各自建国。“三家分晋”成为春秋战国的分界点，宋代司马光在编纂《资治通鉴》时以此作为其历史编年的起点。

晋国地处中原核心地带。纵观晋国历史，与其相邻的秦国、楚国和齐国等大国的外交政策始终影响着晋国内政，但真正瓦解晋国的还是其内部的卿族势力。晋文公时，因君主贤明，尚可以控制这些势力，一旦君主弱势，这些掌握实权的卿族便蠢蠢欲动。事实上，曲沃武公最终代替晋侯缗执掌晋国，也是同样原因。同样的事情在晋国发生了两次。因此，司马迁感慨地说为君之道统御臣下是很不容易的。

玖

势之于人也，可不慎与？

——评楚国兴衰

太史公曰：楚灵王[①]方会诸侯于申，诛齐庆封[②]，作章华台[③]，求周九鼎之时，志小天下；及饿死于申亥之家，为天下笑。操行之不得，悲夫！势之于人也，可不慎与？弃疾[④]以乱立，嬖淫秦女，甚乎哉，几再亡国！

卷四十 · 楚世家

【注释】

① 楚灵王：春秋时楚国国君，公元前540—前529年在位。因弑君篡位，骄侈暴虐，多兴兵役，致内外交怨。

② 庆封：？—前538，一称庆季。春秋时齐国大夫。齐庄公六年（前548），与崔杼谋杀齐庄公，立景公，任左

相，专齐政。

③ 章华台：楚离宫名，为楚灵王所筑。

④ 弃疾：楚平王初名弃疾，即位改名熊居。

【**译文**】太史公说：楚灵王方才还在申地会盟诸侯，诛杀齐国的庆封，建章华台，问鼎中原，把天下人都看得很小；但不久就饿死于申亥之家，被天下人笑话。他的操守和品行都不好，这是多么可悲啊！权势对于人是多么的重要，难道能不谨慎吗？弃疾利用变乱来即位，宠爱秦女，淫邪太甚，以至于使楚国几乎两次亡国！

【**讲评**】本篇记述的是楚国八百年的兴亡史。楚国的祖先出自颛顼帝高阳，高阳是黄帝之孙、昌意之子。至陆终时，陆终生有六子，第六子姓芈，名季连，其后代便是本篇所述的楚国王族。

周文王时，季连的后裔鬻熊侍奉文王忠心耿耿。成王大封功臣时，鬻熊的曾孙熊绎因非周王室的宗亲而仅获封子爵（公、侯、伯、子、男五等爵位，子爵位列第四等），居丹阳，管辖边远的楚蛮之地，与齐、晋、鲁、卫等国相差悬殊。楚人对周天子的不满以及对中原文化的渴望就此深植于心。

楚庄王时，楚国国力达到鼎盛。不过，庄王即位之初并未像先祖一样励精图治，而是寻欢作乐了三年，并下令胆敢进谏者杀无赦。伍举见此情景，便问庄王道："有只鸟栖息在高山上，三年不飞不叫，请问大王这是什么鸟？"庄王答道："此鸟三年不飞，一飞必定冲天；三年不鸣，一鸣必定惊人。我明白你的意思，你退下吧。"没想到，过了几个月，庄王更加纵情声色，大夫苏从入宫进谏。庄王说："你没听到我的命令吗？凡是进谏者杀无赦。"苏从答道："牺牲自己唤醒国君，这是我做臣子的愿望。"庄王于是停止淫乐，改习朝政，并一举杀了数百人，重新任命了数百人。他以政事委任伍举与苏从，楚国因此大治。

庄王八年，庄王兵临洛阳城下，并在郊野检阅军队，向周天子示威。周定王派王孙满以慰劳楚军为名，一探虚实。王孙满一进入楚军军营，庄王便问王孙满象征天下权力的周室九鼎轻重几何。王孙满当然知道庄王的言外之意，便答道："统治天下在德不在鼎。"庄王不屑道："楚国只要折断戈矛上的刃尖就足够铸造九鼎，周天子的九鼎何足道哉。"王孙满答道："大王难道忘了吗？当初虞夏盛世，四方来朝，禹把九州所献的铜熔铸成九鼎，使百姓知道山川万物，鬼神怪异的形状。后来夏桀无道，九鼎才转移到商，一共六百年。商纣暴虐，九鼎又转移到周。如果天子德行清明，鼎虽小但依然不可搬动；如果天子昏乱无道，鼎虽重却仍然可以轻易搬动。当初周成王把鼎安置在郏鄏，占卜周朝可传三十世，历七百年，这是天命所归。如今周朝德政虽衰，但天命未改，九鼎轻重还是不问为好。”楚庄王听了王孙满这番话后便退兵了。

楚庄王的退兵不仅是因为王孙满“在德不在鼎”之说，更是因为此时的楚国参考了此前齐桓公和晋文公称霸的做法，不但要在国力上居诸侯翘楚，而且要遵守周朝礼制的政治文化，如此才能使其他诸侯心悦诚服。为此，楚庄王十六年攻伐陈国后，庄王本已将陈国划归为楚国的一个县，但因为此举不合周朝“伐人不灭其国”的政治传统，庄王最终听从了申叔的劝谏，让陈国的后代重建陈国。十七年春，庄王在打败郑国后也放过了郑伯，并与郑国议和。夏六月时，晋国与楚国大战于邲，楚军大败晋军。楚国大夫潘党建议庄王将晋军尸体堆积起来筑作京观，不但可以一雪晋楚城濮之战失败的耻辱，还可夸耀楚国武力，震慑诸侯。没想到庄王却意味深长地将武字解释为“止戈”，意谓停止战争。最终，庄王凭借着楚国强大的实力，并且成功融入了中原主流的礼制文化，成为春秋五霸之一。

庄王之后，楚国逐渐走下坡路。楚灵王时，灵王既想延续先祖庄王的荣耀，又穷奢极欲，以为只要建造了华美的章华台并在此会盟诸侯，便可称霸。楚灵王的好大喜功不但没有吸引到诸侯的会盟，反而因为不断压榨百姓，最终被吴国一举攻入首都郢，灵王在逃难时死在申亥家中，落得个身死国灭的下场。灵王逃难时，楚国已改立公子比为王，以弃疾为司马。然而，弃疾却派曼成然告诉公子比灵王回来了，国人将要杀死他，公子比吓得最终自杀。弃疾就这样靠着欺诈的手段即位，是为平王。

平王起初因为害怕自己得位不正而遭国人和诸侯反叛，因此他甫一上位便施惠百姓，修明政教，并与诸侯交好。即位第二年，平王派费无忌去秦国为太子建娶亲。结果，平王听信了费无忌“秦女貌美，可以自娶”的建议，娶走了太子妃。此后，平王又接连听信费无忌的谗言，杀害太子太傅伍奢。伍奢之子伍子胥逃至吴国，帮助吴王阖闾成功破楚，楚国近乎遭遇了一次灭国，元气大伤（事见《伍子胥列传》）。

战国后期，楚悼王时有吴起变法，楚怀王时有屈原改革，楚考烈王时有战国四君子之一的春申君，楚国依然是战国七雄中最具实力的诸侯国之一，但随着秦国崛起，楚国的国力逐渐衰微。楚怀王更是被秦王骗至秦国，最终客死异乡，成为楚国的耻辱。公元前 223 年，楚国被秦所灭，国土被秦改设三郡，纳入秦朝版图。

楚国地处南方，其文化传统与中原地区大相径庭。楚文化神秘浪漫，以左为上，以东为尊，以凤作图腾，老庄文化滥觞于此；而周朝则推崇等级严明的礼制，以右为上，以南为尊，以龙作图腾，孔子的儒家文化以此为理想。楚国先祖虽是华夏后裔，但其文化并非华夏正统。楚国早期诸多行为，如自封为王等都不合中原礼制，因此被中原各国视为蛮夷。直到楚庄王时逐渐以周礼约束自己行为，楚国才被中原诸侯所接受，成为春秋霸主。庄王对王孙满“在德不在鼎”一说的默许其实是对周礼政治秩序的一种认同。楚国早期，王位继承往往伴随着血腥和杀戮，如楚武王熊通便是杀死自己的侄子才得以即位，楚庄王对于周礼的向往多少也有这方面的考虑。随着楚国政治逐渐“华夏化”，周礼中的等级秩序也帮助楚国解决了困扰已久的王位继承问题。

然而，中原发达的礼乐文化，加之楚国雄厚的国力，为楚庄王之后的君主纵情享乐提供了无数灵感，原本好武的楚人也逐渐沉浸在靡靡之音的温柔乡中，失去了质朴与勇敢，这与后来崛起的虎狼之秦形成了鲜明对比。楚国被秦所灭，楚人心里十分不甘，当时便有“楚虽三户，亡秦必楚”之说。后来率先起义并喊出“王侯将相，宁有种乎”的陈胜、吴广，破釜沉舟、大破秦将章邯的西楚霸王项羽和汉朝开国君主刘邦皆为楚人，“亡秦必楚”可谓一语成谶。

拾

苦身焦思，终灭强吴

——评勾践复国

太史公曰：禹之功大矣，渐九川[①]，定九州[②]，至于今诸夏艾安。及苗裔勾践，苦身焦思，终灭强吴，北观兵中国，以尊周室，号称霸王。勾践可不谓贤哉！盖有禹之遗烈焉。范蠡[③]三迁皆有荣名，名垂后世。臣主若此，欲毋显得乎？

卷四十一·越王勾践世家

【注释】

① 九川：泛指九州的大川。《史记·夏本纪》司马贞索隐以弱、黑、河、瀁、江、沇、淮、渭、洛为九川。

② 九州：传说中的中国古地理区划名。起于春秋战国，说法不一。西汉以前，都认为九州系禹治水后所划

分，州名未有定说。《书·禹贡》作冀、兖、青、徐、扬、荆、豫、梁、雍。后也泛指全中国。

③ 范蠡：越国大夫。越为吴所败时，曾赴吴为质二年。回越后助越王勾践刻苦图强，灭亡吴国。他认为与勾践可共患难，不可共安乐，遂逸去，自称“鸱夷子”，后又改名“陶朱公”，以经商致富。

【译文】太史公说：禹的功劳很大，疏导九条大河，平定九州大地，直到今天，中原各国都十分安定。等到后世子孙越王勾践，卧薪尝胆，最终灭了强大的吴国，挟天子以令诸侯，成为春秋五霸之一。越王勾践不能说不贤能，大概是因为他身上有大禹的遗风吧。范蠡三次迁徙都留下美名，名垂后世。像这样的贤君名臣，怎么可能不凸显呢?

【讲评】本篇讲述的是越王勾践卧薪尝胆，成功复仇称霸的故事。成语“卧薪尝胆”便出自此篇。

越王勾践的祖先是禹的后代，夏后帝少康的庶子。越王勾践的先人被封于会稽，负责奉守禹的祭祀。越人文身短发，与中原风俗迥异。春秋时，南方地区有吴、越两国。两国交战频繁，越侯允常与吴王阖闾互相攻伐，越王勾践是允常的儿子。

吴王阖闾趁允常去世时，攻打越国，越王勾践大败吴国。吴王阖闾去世前告诫儿子夫差要替自己报仇。

今人耳熟能详的越王勾践与吴王夫差的故事就这样在上代人的积怨下展开了。吴王夫差在伍子胥的辅佐下，国势日益强盛。越王勾践因不听大臣范蠡的劝谏，在与吴国的战争中被吴王夫差困在会稽山。越王勾践曾一度绝望，这时大臣文种劝谏道："商汤曾被困于夏桀的监狱，周文王曾被囚禁在羑里，晋文公重耳曾逃亡翟国，齐桓公小白亦有出奔莒国的经历，但他们最终都称王称霸。由此可见，大王今天被吴王包围，未尝不是一种福啊？"最终，越王勾践选择投降做了吴王夫差的奴仆，备受欺凌羞辱。

勾践被吴王赦免归越国后，卧薪尝胆。勾践和夫人不但亲自耕作和织布以示对生产的重视，而且节衣缩食，每餐必不多肉，着衣色彩亦不鲜艳，劝勉百姓厉行节俭。勾践礼遇贤人，任命文种和范蠡主持国家政务和军事，越国逐渐从战败中恢复国力。在外交上，勾践听从大夫逢同的建议，一面示好吴国，一面与齐楚晋三国交好，静待吴国对外发动战争，如此便可联合齐楚晋三国攻打吴国。

吴王夫差成功复仇后，志得意满，渐渐听不进伍子胥的忠言。吴王征伐齐国得胜而归，伍子胥劝吴王不要高兴太早，吴王不悦。此时，吴国太宰嚭趁机进谗言陷害伍子胥，称伍子胥身为楚国人貌似忠诚实则残忍，他为了自己的安全连父兄都可以不顾，又怎会顾念大王的安全；大王先前意欲征伐齐国，伍子胥力谏不可，如今大王大胜齐国，足见大王英明，伍子胥却因此怨恨大王；大王如果不加防备，伍子胥必定作乱。太宰嚭联合越国大夫逢同一起散布谣言。吴王一开始不信，直到发现伍子胥出使齐国时把儿子伍丰托付给齐国大夫鲍牧，这才决定赐死伍子胥。

除掉伍子胥后，越国仍然按兵不动。吴王北上黄池会盟诸侯，吴国精兵尽出，越国才出兵讨伐吴国。虽然越军大败吴军，还杀死了吴国太子，但吴王碍于会盟，最终决定与越国讲和。越王自忖实力还不足以一口气灭掉吴国，便答应了这一请求。

四年后，随着吴军精锐在与齐、晋交战中损失殆尽，吴国再无力抵挡越军的攻击。越王勾践迫使吴王自杀，成功复仇。勾践平吴后，与齐、晋两国会盟于徐州，并向周元王进贡。周天子赏赐勾践祭祀用的腊肉，允其称霸。越王勾践至此终成天下霸主。

越王勾践在称霸过程中得益于大臣文种和范蠡的辅佐，但文种和范蠡却有着截然不同的结局。范蠡因看透了勾践只可共患难，不可共富贵的本质，早早离开越国，改行经商，因其经营有方，不久就成了富甲天下的大商人，名曰陶朱公。后世商人甚至将其拜为祖师爷。然而文种却以为勾践会对其大行封赏，最后只落得一个赐死的下场。“飞鸟尽良弓藏，狡兔死走狗烹”，这一典故便出于此。

拾壹

以权利合者，权利尽而交疏

——评郑国兴衰

太史公曰：语有之，“以权利合者，权利尽而交疏”，甫瑕是也。甫瑕虽以劫杀郑子①内厉公②，厉公终背而杀之，此与晋之里克③何异？守节如荀息④，身死而不能存奚齐⑤。变所从来，亦多故矣！

卷四十二·郑世家

【注释】

① 郑子：春秋时郑国国君，公元前 693—前 680 年在位。被大臣所杀，无谥号。

② 厉公：春秋时郑国国君。

③ 里克：春秋时晋国大夫。

④ 荀息：春秋时晋国大夫。

⑤ 奚齐：春秋时晋献公之子，献公死后，晋国内乱，十四岁的奚齐成为国君，不久被大臣里克杀死。

【译文】太史公说：古语有云，“通过权势利害相结合的，一旦利害关系结束，交往就会有所疏远”，说的就是甫瑕这样的人。甫瑕虽然劫杀了郑子，又迎接郑厉公即位，但郑厉公最终还是背叛了甫瑕并将其杀害，这和晋国的里克又有什么不同呢？像荀息这样坚守节操，即便牺牲自己也依然无法保全奚齐。所以说，变故的发生是有很多原因的！

【讲评】本篇记述的是郑国的兴衰历史。郑国从受封建国到最后为韩所灭，与春秋相始终。因此，本篇也可看作是郑国视角的春秋史。

郑国的始封国君郑桓公姬友，是周厉王的小儿子、周宣王的弟弟。宣王二十二年时，桓公被封于郑地。庄公时是郑国的强盛期。庄公去世后，郑国因诸子争位而陷入了长时间的内乱。庄公育有三子，太子忽、二子突和小子子亹。庄公在世时，庄公宠臣祭仲劝太子忽迎娶齐僖公的女儿为妻，以齐国为后援，王位便可无忧。然而，祭仲的这一建议却被太子以郑国小国不配与齐国结亲为由拒绝了。事实上，祭仲的这一建议十分有远见。因为太子忽的母亲是邓国公主，邓国本为小国，对太子忽巩固势力助益无多。果然，太子忽即位为郑昭公后不久，公子突母亲的娘家势力——宋国威胁祭仲改立公子突为郑国国君。祭仲无奈，只好答应了宋庄公的要求。昭公听闻祭仲被要挟改立公子突为君，不得已逃亡到卫国。公子突因此即位为郑厉公。

公子突即位后又觉祭仲专权是一大隐患，他暗中指使祭仲的女婿雍纠去杀害祭仲。雍纠的妻子知道此事后，便问母亲，父亲和丈夫谁更亲近，母亲答以“人尽可夫”，即父亲只有一个，但人人都可以是你的丈夫。女儿于是把此事告诉了父亲祭仲。祭仲反杀雍纠，并将其曝尸街头。厉公大骂雍纠无能，自己只好流亡到边境小城栎地。于是，昭公又得以回国即位。

各诸侯国听闻郑国内乱，纷纷趁机伐郑，宋庄公援兵帮助厉公在栎地站稳脚跟，昭公一时对其无可奈何。就在昭公刚刚回国即位的第二年，庄公时的大臣高渠弥因害怕昭公讨厌自己而被杀，在一次和昭公外出打猎时在野外射杀了昭公。昭公死后，祭仲和高渠弥不敢再将厉公迎立回国，改立庄公三子子亹为君。子亹在和齐襄公会盟时被襄公埋伏的军队所杀，子亹庶弟子婴即位，是为郑子。

郑子十四年，从前追随厉公逃亡栎地的人故技重施，诱劫郑大夫甫瑕至栎，要挟他帮助厉公复位。甫瑕答应道：“只要放了我，我就杀了郑子，迎立厉公复位。”甫瑕回国后便杀了郑子及其二子。厉公复位后却以甫瑕事君有二心为由诛杀了他。至此，昭、厉二公之争以厉公复位结束。就在郑国忙于内乱之时，春秋列国之间的局势已悄然发生变化。齐桓公即位后，励精图治。在郑厉公复位元年，齐桓公已开始称霸于诸侯。郑国在郑庄公时的称霸一去不返。郑国此后虽然也出现过子产这样的贤士，但最终难逃被韩国灭亡的命运。

拾贰

虽得阿衡之佐，曷益乎？

——评魏国兴衰

太史公曰：吾适故大梁[①]之墟，墟中人曰：“秦之破梁，引河沟而灌大梁，三月城坏，王请降，遂灭魏。”说者皆曰魏以不用信陵君[②]故，国削弱至于亡，余以为不然。天方令秦平海内，其业未成，魏虽得阿衡[③]之佐，曷益乎？

卷四十四·魏世家

【注释】

① 大梁：战国魏国都城，在今河南开封西北。秦王政二十二年（前 225），秦将王贲攻魏，引河水、大沟水灌其城，城毁，魏亡。

② 信陵君：名无忌，魏安鳌王异母弟，战国四公子之

一，有食客三千人。秦军攻魏，信陵君被任命为上将军，率领五国大军大破秦军。因功高名重，遭魏王忌，遂称病不出，沉溺酒色而死。

③ 阿衡：指伊尹，一说伊尹名阿衡；一说阿衡为伊尹所任官名，掌管教养的官；一说阿是伊尹所任之官，衡是伊尹之字。

【译文】太史公说：我到大梁故城，大梁人说："秦国攻破大梁，引河沟水淹灌大梁，经过三个月，城破，魏王请求投降，秦国于是灭了魏国。"评论者都说魏国是因为不重用信陵君才导致国势渐渐衰微以至于灭亡，我认为不是这样的。当时上天令秦国扫平海内，秦国功业方兴未艾，魏国即使得到像伊尹一样的人才辅佐，又有什么用呢？

【讲评】本篇记述的是魏国的兴衰历史。魏氏祖先是毕公高的后代，本姓姬，武王伐纣后将姬高封于毕地，故以毕为姓。后世子孙中有一位叫毕万的辅佐晋献公，毕万的子孙封于魏地，于是以封国之名改姓魏。

魏文侯是魏国历史上有名的贤君。文侯受学于子夏，又礼敬段干木，每次经过段干木的里巷，文侯都会伏轼以示尊敬。

魏文侯还任命西门豹为邺守，河内因此大治。

那时，魏国建立不久，魏文侯求贤若渴。他与李克曾就选贤任能有过一次讨论，充分展现了魏国君臣对贤人的重视。魏文侯对李克说："先生您曾教导我说：'家里贫穷就希望有一个贤妻，国家危乱就希望有一个良相。'现在选相，无非魏成子或翟璜。您觉得二人如何？"李克本以自己地位卑贱为由拒绝回答文侯的问题，在文侯的坚持下，李克回答道："君主考察臣下就要看他平时与谁亲近，富贵时和谁交往，显达时会推荐谁，困顿时看他不会做什么，贫穷时看他不在意什么，从这五点就可以决定谁来当宰相了。"李克说完就退出去了，经过翟璜家时，翟璜问李克到底谁会出任宰相，李克答以魏成子。翟璜忿然道："我哪里不如魏成子？西河郡守是我推荐给国君的。国君最担忧邺城，也是我向他推荐的西门豹。国君想要攻打中山国，我推荐乐羊为将。中山国被占领后无人为守，又是我推荐的先生。国君苦于太子没有好的老师，我就推荐屈侯鲋。我怎么会不如魏成子呢？"李克听完翟璜的抱怨后，又把自己对文侯的话重复了一遍，并进一步解释道："魏成子食禄千钟，十分之九都用在魏国上，只有一成是留给自己的。他从东方招来卜子夏、田子方和段干木，国君都奉为老师，而你所推荐的五人，国君都只任用为臣子。你的功绩怎么能和魏成子相提并论呢？"翟璜这才恍然大悟，从此再不言宰相事。

魏文侯死后，武侯即位，魏国达到鼎盛。不过随着西边秦国和东边齐国的崛起，魏国势力不断受到两边的挤压。加之韩、赵两国在南北两边对魏国内政的渗透，魏国局势渐渐不容乐观。

齐、秦两国对魏国内政的影响从魏国迁都一事可见一斑。魏惠王时，秦国尚未令东方六国胆寒，魏国将国都从西边的安邑（今山西省运城市夏县）迁至东边的大梁（今河南省开封市），目的是和齐国在中原地区一争高下，加强自己在中原一带的影响力。魏惠王十八年，魏军攻打邯郸，赵国向齐国求救。田忌和孙膑围魏救赵，在桂陵大败魏军。魏惠王三十年，孙膑又率齐军在马陵之战射杀魏军统帅庞涓，俘虏魏太子申。桂陵和马陵之战的失利使魏国元气大伤，也是魏国由盛转衰的标志，这都与齐国息息相关（事见《孙子吴起列传》）。随着秦国势力不断壮大，魏国又不得不与其他五国合纵以御西秦。然而，合纵并不成功，楚、魏两国互相猜疑，韩国又无意于此。因此，尽管魏国出现了信陵君魏无忌这样的贤臣，但依然无法阻挡秦国统一六国的步伐。这也是为什么司马迁在评论中对信陵君不被魏王重用以致魏国灭亡的说法不以为然。

司马迁在本篇中对魏国的对外征伐并无太多笔墨，例如对魏国影响深远的桂陵之战和马陵之战只是一笔带过。但太史公对魏文侯礼贤下士，好学不倦的描写颇为用力，尤其是魏文侯与李克关于如何选贤的对话今天看来仍令人深思。

拾叁

高山仰止，景行行止

——评孔子德行

太史公曰：诗有之："高山仰止，景行行止。"[①]虽不能至，然心乡往之。余读孔氏书，想见其为人。适鲁，观仲尼庙堂车服礼器，诸生以时习礼其家，余祗回留之不能去云。天下君王至于贤人众矣，当时则荣，没则已焉。孔子布衣，传十余世，学者宗之。自天子王侯，中国言六艺[②]者折中于夫子，可谓至圣矣！

卷四十七·孔子世家

【注释】

① 高山仰止，景行行止：语出《诗·小雅·车辖》，

意思是人君要像高山一样，臣下只可仰望、揣度，却不能穷极其底蕴。后以“高山仰止”比喻对崇高品德的仰慕。

② 六艺：又称“六经”，是六部儒家经典《诗》《书》《礼》《乐》《易》《春秋》的并称。

【译文】太史公说：《诗经》有言：“高山仰止，景行行止。”我虽然做不到，但心向往之。我读孔子的著作，就能想见他的为人。我到鲁国去的时候，参观孔子的庙堂以及他的车服礼器等，儒生们按时操演礼仪，我看得久久不忍离去。天下从君王到贤人有很多，当时享有荣耀，但死后什么也没留下。孔子一介布衣却能流传十余世，学者们至今仍推崇他。自天子王侯以下，凡是谈论《诗》《书》《礼》《乐》《易》《春秋》六部经典的都要以孔子的思想作为衡量标准，真可谓是一位至高无上的圣人啊！

【讲评】本篇讲述的是孔子一生的经历。世家篇本来记载的都是王侯将相式的人物，孔子作为一介布衣照理是不应该列入世家的。但司马迁认为，上至君王，下至贤人，绝大多数都只是一时显赫，一旦过世，便声名不再。然而，孔子虽为一介布衣却传十余世，以孔子为代表的儒家思想更是“历千万祀，与天壤而同久”，读书人无不尊奉他为先师，这远比三世而没的王侯将相重要得多。司马迁把这样一位生前“累累若丧家之狗”，但身后却受万世推崇的孔子列入世家，足见太史公对孔子的推崇和他不凡的史识。

大约自唐宋始，士大夫逐渐发展出治统与道统的说法。所谓治统，指的是国家权力的统绪，这一脉的最高领袖是皇帝。所谓道统，指的是儒家传道的谱系，这一谱系有尧、舜、禹、汤、文、武、周公，然后便是孔子。相较于前七位治道合一的圣人，孔子被认为仅仅掌握着天下的道理而不具有实际的政治权力。所以，孔子被称为“素王”，上自天子王侯，下至平民百姓，言五经六艺、天下大道者皆须取法于孔子，可谓至圣。

孔子，字仲尼，出生在鲁国昌平乡的陬邑。其祖本是宋人，名曰孔防叔。孔防叔生伯夏，伯夏生叔梁纥，叔梁纥与颜氏女野合生下孔子。因孔子生下来头顶中间有凹陷，所以取名曰丘，字仲尼。

孔子生下不久，其父叔梁纥就去世了。孔子早年家境贫寒，做过小吏、仓库管理员、牧场管理员等，孔子后来自嘲“吾少也贱，故多能鄙事”，说的就是这段经历。孔子虽然家贫，但很早就以博学多闻出名。当时诸侯林立，儒、法、道、墨各家都怀揣着治国理政的思想去游说各国国君，希望能被重用。孔子当然也不例外，比如齐景公就曾问政于孔子，孔子主张“君君臣臣父父子子”，即君要有君的样子，臣要有臣的样子，父亲要有父亲的样子，儿子要有儿子的样子，亦即各自谨守本分。但因齐国国相晏婴对儒家思想存有偏见，孔子不得不离开齐国。

鲁定公时，孔子被任命做中都地方的长官。孔子任官一年颇有成效，四方从之，因此受到鲁定公重用，由中都宰升为司空，后升任大司寇。孔子任大司寇期间，秉持着君臣父子的礼仪等级，坚持要求堕三都，即拆除季孙、叔孙和孟孙三家封邑的三百丈城墙，又主张推行礼教，鲁国因此大治。

除了内政，孔子于军事、外交亦有见地。齐国在得知孔子主政鲁国后，害怕鲁国会因此强大起来威胁齐国，于是约鲁定公在夹谷会盟。鲁定公见作为大国的齐国居然愿意与自己会盟，便兴高采烈地准备前去赴约。孔子提醒鲁定公一定要配齐文武官员方能出境。齐鲁会盟时，齐国本想借侏儒的戏谑表演羞辱鲁国，但孔子不卑不亢，义正词严道：“百姓戏弄诸侯，论罪应该正法。”齐景公自知理亏，只好端庄严正起来。会盟结束后，齐景公有感于孔子的态度，便对群臣说：“鲁国大臣用君子之道辅佐君主，而我们却像异族一般开罪鲁君，该如何是好？”最后，齐国决定奉还此前从鲁国侵夺来的郓、汶阳和龟阴的土地，还向鲁君道歉。孔子这番举动，不但保住了鲁定公作为国君的尊严，还让鲁国得了实利。可惜后来鲁君接受了齐人的女乐，从此荒废朝政，孔子不得已又开始周游列国。

此后孔子接连去了卫国、陈国、曹国、宋国、郑国，但都不得重用。经过十四年漫长的周游列国，孔子最终回到了鲁国。此时的孔子已不再追求自己的学说能够被国君赏识，转而开始著书立说，教授弟子。孔子重新订正《诗经》，精读《易经》，以至于捆扎竹简的绳子都被翻断了多次，成语“韦编三绝”便由此而来。孔子讲学，一时从学者赢粮景从，世称“孔子三千门徒，七十二贤人”。

孔子生前并不是一个世俗意义上的成功者，他几次三番游说诸侯，但因儒家学说不能在短时间内富国强兵，君主对此都不感兴趣。相较于主张法家学说的李斯和韩非等人，孔子在当时是失败的。孔子在郑国和弟子走散后，曾自嘲“累累若丧家之狗”，可见孔子内心多少有些无奈甚至凄凉。

孔子虽然一生坎坷，怀才不遇，但对周礼秩序和儒家之道的追求至死不渝。尽管孔子生前立功无望，但他毕生追求的是以自己的学说改变春秋不义的现实局面，这绝非后世理解的腐儒形象。孔子前半生汲汲于功业，希望通过政治改变现实。在无法实现自己的政治抱负后，后半生转而著书立说，教授弟子，将自己的学说理想寄托于后世。孔子这种“达则兼济天下，穷则独善其身”的做法也成为后世读书人的处世标准。

拾肆

安危在出令，存亡在所任

——评楚赵兴衰

太史公曰：国之将兴，必有祯祥，君子用而小人退。国之将亡，贤人隐，乱臣贵。使楚王戊毋刑申公[①]，遵其言，赵任防与先生[②]，岂有篡杀之谋，为天下僇哉？贤人乎，贤人乎！非质有其内，恶能用之哉？甚矣，“安危在出令，存亡在所任”，诚哉是言也！

卷五十·楚元王世家

【注释】

① 申公：西汉鲁人（今山东曲阜），名培，亦称申培公。少与楚元王刘交俱从齐人浮丘伯受《诗》，元王至楚，遂以为中大夫。

② 防与先生：西汉赵国贤人，史失其姓名，故以地名称之。

【译文】太史公说：国家将要兴起时，一定有祥瑞征兆，比如君子被重用而小人被斥退。国家将要灭亡时，贤能之人隐退而乱臣贼子显贵。假使楚王戊不对申公施以刑罚，听从他的话，赵王任用防与先生，哪里会有篡杀的阴谋而遭天下人耻笑呢？贤人啊，贤人啊，不是品德高尚的君王，谁能任用你们呢？“国家安危在于所出政令，国家存亡在于所任之臣”，这话说得实在是太对了！

【讲评】本篇虽以楚元王命名，但主要介绍了刘姓楚国与赵国的历史。本篇传主是刘楚的始封国君，汉高祖刘邦的同母幼弟刘交。汉高祖六年，刘邦在陈地俘获楚王韩信，改封弟弟刘交为楚王，定都彭城。刘交在位二十三年后去世，其子夷王刘郢即位。四年后，夷王去世，其子刘戊即位。

刘戊并不如其父祖一般谨守规矩。刘戊还是王子时，夷王刘郢延请荀子的再传弟子申公担任刘戊的老师。然而，刘戊并不好学，颇以申公教学为苦。刘戊即位后，罚申公劳役，形同奴仆。申公以此为耻，不再教授刘戊。刘戊因在薄太后丧期私奸宫女，被削去东海郡封地。第二年春，刘戊与吴王濞合谋造反，发动了历史上著名的“吴楚七国之乱”。丞相张尚、太傅赵夷吾苦谏，但刘戊一意孤行。刘戊在与周亚夫的战斗中兵败自杀。汉宣帝时，楚国被改作汉朝的彭城郡。

本篇另一位传主是赵王刘遂。赵国的始封国君是刘邦的功臣张耳，张耳死后传位给其子张敖。高祖剪除异姓王时废了张敖，另封高祖三子刘如意为赵王。吕后时，赵王被吕后毒杀，吕禄获封赵王。一年后吕后去世，诸吕被杀，赵王又重归刘氏。刘遂因其父刘友乃高祖中子，被拥立为赵王。

汉景帝时，因朝廷削藩，赵王与吴王、楚王一起反叛，甚至联合北边的匈奴一起攻汉。当时赵王的丞相建德与内史王悍直言劝谏，赵王非但不听，还将二人烧死。赵王兵败自杀并从此绝后。

诸侯传位三世，子弟鲜有贤能者，本篇中的楚王刘戊和赵王刘遂便是如此。因此，司马迁感慨尊贤用贤固然重要，但也要适逢其人。像楚王戊和赵王遂这样的昏主，即便有申公、防与先生这样的贤人，也无济于事。

拾伍

得位之幸，无过于此

——评荆燕发迹

太史公曰：荆王王也，由汉初定，天下未集，故刘贾虽属疏，然以策为王，填江淮①之间。刘泽之王，权激吕氏，然刘泽卒南面称孤②者三世。事发相重，岂不为伟③乎！

卷五十一·荆燕世家

【注释】

① 江淮：指长江和淮河，也泛指长江与淮河之间的地区。

② 南面称孤：孤，古代帝王的自称。面南而坐，尊称为王。

③ 伟：似应依《汉书》作“危”。

【译文】太史公说：荆王之所以被封王，是因汉朝刚刚建立，尚未完全统一天下，所以刘贾虽是刘氏的远房亲戚，但还是被册封为王，镇抚江淮。刘泽被封王，是用权谋刺激吕氏的结果。刘泽最终南面称王并传位三代，是与吕氏相互借重的结果，这难道不是很危险吗？！

【讲评】本篇记述的是荆王刘贾和燕王刘泽因在刘邦统一天下中立有战功而被封为王侯的史事。

荆王刘贾曾参加平定三秦之战，后来镇守桃林塞，从东进攻项羽，又渡过白马津深入楚地，破坏项羽的后勤补给，最后与黥布将项羽合围于垓下。尽管刘贾功绩远不如周勃和樊哙等人，但汉初国本不稳，刘邦为拉拢同姓稳固基业，将作为高祖远亲的刘贾封为荆王，领淮东五十二城。后来淮南王黥布叛乱，刘贾在参与平叛中，被黥布的军队所杀，荆王的封地全归吴王刘濞所有。

相比于刘贾，燕王刘泽无咫尺战功，其被封为营陵侯更多是因樊哙女婿这一身份。刘泽后来之所以被加封为琅琊王，是因吕后为让刘泽支持自己分封诸吕的建议而做的一笔政治交易。吕后去世后，刘泽本已计划与齐王联手讨伐诸吕，但听说灌婴吞并荥阳后，刘泽又决定退兵以观局势变化。最后，因拥立代王刘恒有功，刘泽又被升为燕王。刘泽无才能，能在短时间内升为藩王，主要是因为他的政治投机。当然，这样得来的权势并不会持久。其孙刘定国荒淫无度，与其父康王的姬妾通奸，又夺弟妻为姬，与子女三人通奸，最终被朝廷下诏诛杀。

事实上，刘贾、刘泽二人本身并没有特别突出的贡献，能够被封王完全是因与刘邦同族。得位之幸，无过于此。所以，司马迁对二人并无太多着墨。

拾陆

谨守管钥，顺流更始

——评萧何为臣之道

太史公曰：萧相国何于秦时为刀笔吏，录录未有奇节。及汉兴，依日月之末光，何谨守管钥，因民之疾秦法，顺流与之更始。淮阴、黥布等皆以诛灭，而何之勋烂焉。位冠群臣，声施后世，与闳夭[1]、散宜生[2]等争烈矣。

卷五十三·萧相国世家

【注释】

① 闳夭：西周名臣。相传原以捕猎为业，周文王闻其贤，用以辅政。纣王囚文王于羑里（今河南汤阴北），他以美女、重宝赂商纣，使文王得释。

② 散宜生：西周开国大臣。相传曾受学于太公望，归

周后与太公望、泰颠、闳夭、南宫适同辅文王、武王。

【译文】太史公说：丞相萧何在秦朝时不过是一个刀笔小吏，碌碌无为，也没什么特别的能力。汉朝兴盛时，萧何紧紧投靠高祖刘邦与吕后，谨慎地为刘邦看家守堆，镇守关中，又利用百姓痛恨秦法，因势利导，除旧布新，实行了一些新的政策。淮阴侯韩信和黥布等开国功臣都被诛灭了，但萧何的功勋却光彩灿烂，地位超过群臣，名声流传于后世，与西周的闳夭、散宜生等功臣相媲美。

【讲评】本篇讲述的是汉朝开国功臣萧何的史事。萧何与张良、韩信一并被称为“汉初三杰”，是汉朝立国最重要的功臣之一。与韩信和其他诸多功臣“狡兔死走狗烹”的结局不同，萧何一生虽战战兢兢，但终究善始善终，其政治智慧可见一斑。因此，太史公在本篇中并未过多渲染萧何的功绩，而是着重讲述了其与汉高祖刘邦之间的君臣相处。

萧何，沛县人，与刘邦是老乡。刘邦还是一介平民时，二人已交好，萧何曾多次利用文吏身份袒护刘邦。后来刘邦当了泗水亭长，萧何依然在其左右。刘邦奉命去咸阳办事，萧何送给他的钱都比一般人多了两百文。

刘邦起兵反秦，萧何带着全族几十人追随刘邦，而且一直是刘邦的大管家。尤其当刘邦率先攻破咸阳，诸将都忙着争夺金银财物时，只有萧何独具慧眼，收藏秦朝丞相御史的律令图书，替刘邦保存国家的户籍、地图册和法律文书。刘邦因此比项羽更清楚天下要塞所在、户口多寡和民众疾苦，这在后来的楚汉相争中起到了至关重要的作用。

此后，萧何又替刘邦镇守巴蜀，为远在前线的刘邦军队提供军粮补给。留守关中时，萧何还辅佐太子立法令、计户口、练军队。刘邦早期多次兵败，幸赖萧何兴关中士卒为其补缺。可以说，没有萧何坐镇后方，为刘邦免除后顾之忧，刘邦的建国之路可能未必会成功。更不要说，萧何还为刘邦引荐了当时最好的将领——韩信。“萧何月下追韩信”是历史上有名的典故。

刘邦平定天下，论功行赏，把萧何的功绩排在第一。群臣争功，都认为自己的功劳大，心里都不服一个只会舞文弄墨、没有咫尺战功的萧何。此时刘邦道出其“功人功狗”的理论：将领沙场杀敌，犹如猎狗追杀猎物，需要得到猎人明确的指示方可行动，而萧何便是那个发号施令之人。因此萧何之功犹如猎人，而诸将之功犹如猎狗。此言一出，诸将便不再争功，从中亦可看出萧何在刘邦心中的分量。

表面看，刘邦为君知人善任、封赏严明，萧何为臣兢兢业业，尽忠竭力，应是一段君臣佳话。但君臣亲密无间的背后是萧何时刻战战兢兢、谋求自保的艰难处境。

打天下时，刘邦每次外出打仗，都会派人来慰问镇守关中的萧何，名为慰问，实为监视。萧何把所有子孙兄弟都派到刘邦身边以此打消刘邦的顾虑。刘邦坐天下时，为避免重蹈淮阴侯韩信覆辙，萧何不但把自己的万贯家财全部拿出来资助汉朝军队，还假装欺压百姓，以低价强买民田数千亩，以示自己没有任何野心。萧何购买的田宅都在破败荒僻的地方，宅邸也没有高大的围墙。他说："如果子孙后世贤能，一定会效仿我的勤俭；如果没有出息，这些荒破之地也不会被有权势的人夺去。"正是萧何的谨小慎微才换来最后的善终。

拾柒

休息无为，天下俱称其美

——评曹参为相

太史公曰：曹相国参攻城野战之功所以能多若此者，以与淮阴侯[①]俱。及信已灭，而列侯成功，唯独参擅其名。参为汉相国[②]，清静极言合道。然百姓离秦之酷后，参与休息无为，故天下俱称其美矣。

卷五十四·曹相国世家

【注释】

① 淮阴侯：即韩信，汉初诸侯王，淮阴人（今江苏淮阴）。家贫，曾寄食为生。初属项羽，不得重用，后归属刘邦，拜为大将。汉朝建立，封为楚王，后降为淮阴侯，为吕后所杀。

② 相国：官名。战国时作为百官之长的相、丞相、相室，皆通称为相国。

【译文】太史公说：相国曹参攻城野战的功劳之所以会那么多，只是因为他跟从了淮阴侯韩信这位名将。等到韩信被诛灭，战功也就被曹参独占了。曹参为丞相时，主张清静无为的黄老之学，认为这样才合乎道。不过，天下老百姓在遭受了秦朝暴政后，曹参给了他们休养生息的机会，所以天下人都称颂他的美德。

【讲评】本篇记述的是丞相萧何的继任者曹参的史事。曹参同萧何一样，也是刘邦的沛县老乡。萧何当沛县主吏时，曹参也是个很有权势的官吏。刘邦起兵反秦，曹参就追随左右。刘邦和项羽争天下时，曹参又配合韩信定魏、破赵、拔齐。可以说，曹参是刘邦夺取天下最重要的武臣。司马迁统计曹参的功绩：占领魏、齐两国，共计一百二十二座城池；俘虏魏王豹、齐王田广二王，夏说、田光、许章三相，李由、王襄、戚公、龙且、周兰、田既六将军和大莫敖、郡守、司马、侯、御史各一人。所以，后来论功行赏时，曹参因攻城略地，身披七十余处伤，功劳排在萧何之后，位列第二。

汉朝建立后，曹参先是在齐国做丞相，他听从盖公的意见，实行清静无为的黄老之术，齐国百姓得以安居乐业。因此，尽管萧何和曹参在为将相时颇有嫌隙，但萧何在临终前基于相同的治理理念，依然推荐了曹参接替自己出任丞相。曹参接替萧何后，延续了萧何一贯清静无为的主张，休养生息。汉朝初年在萧何、曹参两位丞相一以贯之的政策引导下，国力开始恢复。后人用“萧规曹随”来比喻按照前人的成规办事，典出于此。

在选人方面，曹参也有自己的一套。为配合汉初清静无为的治理理念，曹参主张选用那些拙于文辞的忠厚长者，而对那些善于文辞、苛刻深究、追求名声者则嗤之以鼻。甚至当曹参见到官员偶有过错时，不但不深究其责，还为其遮掩覆盖。曹参的这些举动都是为了能一以贯之地执行清静无为的政策，使国家安稳无事。曹参担任丞相时，日夜饮酒不理政事，以至于汉惠帝责怪曹参不治相国事。实际上，曹参这番“作秀”正是为了表明自己清静无为和放任为之的政治主张。最后，汉惠帝和曹参君臣同心，奠定了汉初黄老之治的政治基调。

简单来讲，曹参一生就做了两件事：配合韩信，帮助刘邦打天下；接替萧何，帮助刘邦安天下。在这两件事中，曹参都不是主角。打天下时，韩信是最闪耀的一颗将星，曹参无疑扮演了配合者的角色。治天下时，曹参也只是接续了萧何定下来的规矩，以清静无为的思路治理国家。但曹参清静无为、不与世争的处世态度及其无为而治的理政原则，都蕴含着一定的人生和政治智慧，在功臣中成为少有能善终之人。

运筹帷幄，决胜千里

——评张良谋略

太史公曰：学者多言无鬼神，然言有物。至如留侯所见老父予书，亦可怪矣。高祖离困者数矣，而留侯常有功力焉，岂可谓非天乎？上曰："夫运筹策帷帐之中，决胜千里外，吾不如子房。"余以为其人计魁梧奇伟，至见其图，状貌如妇人好女。盖孔子曰："以貌取人，失之子羽。"[①]留侯亦云。

卷五十五·留侯世家

【注释】

① 以貌取人，失之子羽：语出《史记·仲尼弟子列

传》。詹台灭明，字子羽，小孔子三十九岁，体貌丑陋。因仰慕孔子德行，詹台灭明想要侍奉孔子，但孔子因其丑陋，遂认为其资质低下。在跟随孔子学习了一段时间后，詹台灭明便回去自行修身实践。他处事光明正大，不走邪路，追随他的学生有三百人，名声也传遍四方诸侯。孔子得知此事后，遂检讨自己以貌取人，因此失去了詹台灭明这个好学生。

【译文】太史公说：学者大多说这世上没有鬼神，但有精灵神怪的东西。比如像留侯张良遇到老翁给他兵书这件事就很奇怪。汉高祖刘邦好几次遭逢困败，但张良总有办法帮他脱离困境，这难道不是天意吗？高祖刘邦说："在军帐中运筹帷幄就能决胜千里之外，这一点我比不上张良。"我还以为张良这个人一定身材魁梧、高大伟岸，等看到他的画像，才发现他的样貌像一个标致的良家妇女。孔子说"以貌取人，就会失去像詹台灭明这样的贤人"，这句话也适用于张良吧。

【讲评】本篇讲述的是"汉初三杰"之一留侯张良的故事。与良将韩信和管家萧何不同，张良工于谋划，在刘邦阵中承担智囊的角色，所以也有"谋圣"的美名。张良崇奉道家，在司马迁的笔下，其一生颇具传奇色彩。

与萧何、曹参等人平民出身不同，张良祖、父两辈都是韩国的丞相。秦灭六国后，张良为报国仇家恨，曾散家财请刺客刺杀秦王，并与其一起合谋在秦始皇行车博浪沙的途中实施暗杀，但最后误中副车，没能成功。张良也因此被全国通缉，迫不得已只好更名改姓，亡匿于下邳。张良人生中的第一个奇遇便发生在此时。

有一次张良经过下邳的一座桥，来了一位穿粗布短衣的老翁，走到张良身边，故意把鞋子丢到桥下，回头对张良说："小伙子，下去帮我把鞋子拿上来。"张良敬其年长，强忍怒气，下桥取鞋，又为其穿上。老翁大笑而去，走了一里多路，又折返回来对张良说："孺子可教。第五天的拂晓，来这儿和我会面。"张良感到奇怪，但仍然答应了。第五天天一亮，张良去了约定地点，没想到老翁早已先张良而至。老翁怒曰："与老人家约会，反而后到，为什么？"说完掉头就走，说："五天后再来。"又过五天，鸡刚打鸣，张良就起身前去。没想到老人又比他早到。老人又生气道："为什么又后到？过五天再来。"这次，张良不到半夜就出来了，过了一会儿，老翁才到。老人高兴地说："应当如此。"随即拿出一本书，对张良说："读此书即可为帝师。十三年后，到济北来见我，毂城山下那块黄石就是我。"天亮，张良才发现原来那本书是《太公兵法》，因觉其不同寻常，便时时温习诵读。

陈胜起兵后，张良也拉了一支一百多人的队伍，本想投奔景驹，但途中遇到了刘邦。此时的刘邦有一支数千人的队伍，攻占了下邳以西的地方，张良决定跟着刘邦，刘邦遂拜其为厩将。张良以《太公兵法》中的道理向刘邦献策，刘邦十分欣赏，常用其策。张良因此认为刘邦智慧非凡，从此死心塌地跟着刘邦，不再想去投奔楚假王景驹。

之后的几次重要决定，都是张良为刘邦出谋划策，才有后来的决胜千里。比如，张良建议刘邦偷袭秦军，最终使刘邦比项羽更早进入咸阳，赢得了"先入关中者为王"的约定。进入咸阳后，张良劝谏刘邦不要贪恋咸阳城的金银财宝，而是应审时度势，还军霸上。后来项羽对刘邦起了疑心，摆下历史上著名的鸿门宴。正是张良从项伯那儿得到了消息，预先为刘邦备好说辞，最终使刘邦顺利脱逃。又如，刘邦被封为汉王后，张良建议烧掉栈道以示自己没有争天下的野心，从而麻痹了项羽。

张良不仅帮助刘邦建立了汉朝，也为吕后和惠帝巩固了地位。刘邦晚年因宠幸戚夫人而欲改立赵王如意为太子，大臣力谏，依然无法改变刘邦心意。吕后也感到害怕，不知该如何是好。这时，吕后想到了足智多谋的张良，一定要他出谋划策。张良本不想参与皇帝家事，但拗不过吕后，最后只好献计：天下有四位老者，因为刘邦轻慢侮人，逃匿山中，不为汉臣。刘邦屡召不至，但对此四人又格外看重。如果太子能够不惜重金，亲书求见，招来四人，然后让四人入朝，伴于太子左右，刘邦一定会感到惊讶，然后询问缘由，这样就可从四位老者口中得知太子之贤，为太子东宫之位增加砝码。刘邦在大败黥布班师回朝后，病情加重，本想改换太子，但在一次宫廷酒席中见到四老侍奉太子，询问之下，得知太子得四老辅佐，最终打消了换太子的念头。

纵观张良一生，虽偶有夸张传奇的色彩，但张良的成功并非得益于天助。其中，最重要的一点便是其诚信、果决的人品。为报世仇，即便是秦始皇，张良也敢暗杀。答应老翁之事，不管老翁提出怎样要求，都无二话，最终得获《太公兵法》。遇到刘邦，几次交谈后便下定决心追随于他，从此不再反复。面对郦食其劝谏刘邦恢复六国的建议，张良不为所动，依然劝谏刘邦统一天下。帮助吕后巩固地位，虽一开始不情愿，但一旦决定便出谋划策。俗话说，谋定而后动。谋划固然重要，但一以贯之地执行却并非易事。张良作为刘邦身边最重要的谋臣，向以运筹帷幄的形象示人，但其当断则断的魄力更值得关注。最后，张良不受功名利禄所惑，执意修道，得以善终。

拾玖

救纷纠之难，振国家之患

——评陈平智谋

太史公曰：陈丞相平少时，本好黄帝、老子之术。方其割肉俎上之时，其意固已远矣。倾侧扰攘楚魏之间，卒归高帝①。常出奇计，救纷纠之难，振国家之患。及吕后时，事多故矣，然平竟自脱，定宗庙②，以荣名终，称贤相，岂不善始善终哉！非知谋孰能当此者乎？

卷五十六 · 陈丞相世家

【注释】

① 高帝：指汉高祖刘邦。

② 宗庙：亦称宗、宗室、祖庙。周代天子、诸侯祭祀祖先神的场所。

【译文】太史公说：丞相陈平年轻时，喜欢黄老道家之说。当他在砧板上分祭肉时，就表现出志向远大。在时局纷乱之际，陈平在楚魏之间徘徊不定，但最终还是归服高祖刘邦。陈平常能想出奇招，危难时拯救国家。等到吕后掌权时，时局多变，但陈平最终能自免于难，重新稳定刘氏政权，荣耀终身，并被称作贤相，这不就是善始善终吗？！如果不是有智谋怎么能做到这一点呢？

【讲评】本篇记述的是汉初功臣陈平的史事。陈平在刘邦阵中亦属谋臣之列，其作用在一定程度上与张良类似。但与张良出身韩国贵族，潇洒的行事作风不同，陈平穷苦出身，早年在乡里以好读书和不劳作出名，以至于其嫂子都嫌他好吃懒做。陈平虽穷，但特别嫌贫爱富，在乡里的名声也不好。不过，此人有两个优点：一是相貌堂堂，二是特别公平。比如在分祭肉时，父老们都夸赞他分得最为公允。陈平获得了乡里富人张负的青睐，张负将其有克夫之名的孙女嫁给了陈平，陈平对此也欣然接受。

萧何、曹参等人与刘邦同为老乡，而陈平实际上辗转多次、转投数家，最终才追随刘邦。陈平最早投奔魏王咎，后来又跟随项羽，但都不被重用，后因魏无知的推荐到了刘邦麾下。一开始像周勃、灌婴这样的老资格根本瞧不上陈平，还向刘邦进言，说他盗嫂受金，认为其不但无能而且不忠。只有刘邦坚决支持他，最后大家才不说话。

事实上，刘邦如此看重陈平，是因为陈平对刘邦有着特殊的作用。许多明面上不能做的事，都可以让陈平在私下里解决。比如，楚汉相争时，只有陈平能够做到离间楚霸王项羽和亚父范增、钟离昧等骨鲠之臣，削弱楚王的势力。又如刘邦一直对韩信的军权十分警惕，但又无可奈何。陈平建议刘邦借口出游云梦，会晤韩信，趁其不备夺其军权。后来，陈平通过贿赂单于夫人的方式替刘邦解了匈奴的白登之围，出奇计帮助刘邦消灭了陈豨和黥布这些异姓诸侯王。

陈平特别通晓人情世故。在攻破黥布军返回长安的路上，刘邦战伤发作。恰在此时，刘邦听信谗言，以为连襟樊哙看见自己受伤希望自己早点儿死去，一怒之下要陈平传诏，让周勃代替樊哙领兵并杀掉樊哙。陈平一面领命，一面和周勃合计：樊哙是刘邦故人，又是吕后的妹夫，这样既亲且贵的人，现在刘邦盛怒之下决定杀他，以后恐怕要后悔。不如先礼召樊哙，解送进京，让皇帝自做决定。果不其然，樊哙被押解进京后，便被赦罪恢复爵位和封邑。

高祖去世后，陈平为了躲避吕氏家族的迫害，主动向吕后上奏，要求做宿卫的差事。吕氏族人权势熏天时，陈平虽为右丞相，但日夜饮酒作乐，不理政事，表现出听命于吕家的样子。

吕后驾崩，陈平马上与周勃合谋，诛杀诸吕，谋立文帝，成为再造汉室的功臣。陈平的人情练达，才让他在一次次政治风波中得以全身而退。

文帝时，陈平明习国家治理的才能又一次有了用武之地。有一次汉文帝询问丞相周勃天下一年判决的讼案有多少，周勃不能答。文帝又问周勃钱粮一年收支几何，周勃仍不能答。汉文帝转而问陈平，陈平答道，应问相关主事者，决狱之事可责廷尉，钱粮之事则问治粟内史。宰相之责乃在主臣，而非具体事务。文帝对此回答十分满意，周勃也因此知道自己治国理政的才能不如陈平，不久便辞去相位由陈平一人担任丞相。

陈平虽出身不好，品德一般、口碑欠佳，但能够帮助刘邦解决一些难题；又因其人情练达、精明强干，最终取得了足以和“汉初三杰”相媲美的功劳。事实上，陈平本人对自己的定位亦十分清楚，他称自己“多阴谋”，家中后人亦不能复起如初，这些判断都在后来应验。所以，尽管司马迁对陈平的做法未必欣赏，但依然用“智谋”二字总结陈平的一生。

贰拾

足己而不学，守节而不逊，终以穷困

——评周勃、周亚夫遭遇

太史公曰：绛侯周勃始为布衣[①]时，鄙朴人也，才能不过凡庸。及从高祖定天下，在将相位，诸吕欲作乱，勃匡国家难，复之乎正。虽伊尹、周公，何以加哉！亚夫之用兵，持威重，执坚刃，穰苴[②]曷有加焉！足己而不学，守节不逊，终以穷困。悲夫！

卷五十七·绛侯周勃世家

【注释】

① 布衣：旧时对平民的称谓，后多用以称未做官的读书人。

② 穰苴：古代著名军事理论家，春秋时齐国大夫。姓

田，又称田穰苴，因官居大司马故称司马穰苴。

【译文】太史公说：当初绛侯周勃还是老百姓时，是一个粗鄙朴实不懂礼仪的人，才能也不超过普通人。等到追随高祖刘邦平定天下后，一直身居将相的地位，朝中吕氏家族想要作乱，正是周勃毅然决然匡扶社稷，拯救国家于危难之际，使朝廷秩序又恢复正常。这种再造社稷的功劳，即便是伊尹、周公这样的股肱之臣，又怎么能超过他呢？！周亚夫用兵，威严稳重，意志坚定，法令严明，即使是司马穰苴这样的名将也未必比得了！只是可惜他自以为是而不学习古人，在坚守臣节时不顺适天子之意，最后落得个穷困的下场，也是可悲啊！

【讲评】本篇记述的是汉初名将周勃和周亚夫父子二人的史事。周勃自高祖刘邦起兵时便追随左右，一路东征西讨，为汉朝的建立立下汗马功劳，封绛侯，食八千一百八十户。周勃文化程度不高，早年只是个靠在葬礼上吹箫伴奏过活的粗人，但刘邦对这位“木强敦厚”的开国功臣有着特别的信任，临终前有言，“周勃厚重少文，然安刘氏者必勃也”。在诛吕安刘的宫廷政变中，周勃起到了决策和组织的作用，居功至伟。其子周亚夫是文帝临终前的托孤大臣，文帝说，“如果朝政处于危急时刻，周亚夫是一位真正可以领兵解围的将领”。果然，在景帝朝，周亚夫作为统帅平定吴楚七国之乱，为削弱地方诸侯、实现汉王朝中央集权大一统奠定了坚实的基础。父子二人先后作为托孤重臣被委以重任，又对汉朝有着再造社稷的功劳。如此父子，在整个中国历史都很罕见。

然而父子二人在政治斗争中却无一幸免。周勃在平定吕氏集团后被文帝封为右丞相，但不久便被派往自己的封地绛县，后来又被诬告谋反投入大狱，要不是用千金贿赂狱卒，又将一生所受封赏全部送予文帝的舅舅薄昭请他为自己说情，恐怕下场不会太好。其子周亚夫的结局更是悲惨。在平定吴楚七国之乱拜为丞相后，周亚夫和内廷之间的关系一直不好。平乱时，周亚夫从大局出发未能救援窦太后爱子梁孝王而与太后产生矛盾。战事结束后，梁孝王一直向其母窦太后说周亚夫坏话。窦太后想给皇后的哥哥王信封侯，被周亚夫以祖训“无功不封侯”为由阻止了。后来，在景帝废栗太子和赏赐匈奴两件事上，周亚夫又与皇帝产生了激烈的争执。最后，因周亚夫之子为其父强购五百套皇家制造御用的铠甲盾牌而被诬告谋反。景帝借机将其投入大狱，周亚夫绝食五日而死。周勃父子二人的功绩与其结局有着极其强烈的反差。

当然，周氏父子的性格也是造成他们人生悲剧的重要原因。正如司马迁所描述的那样，周氏父子都有“木强敦厚”的性格特点，不善于揣摩帝意。一次景帝在宫中召见周亚夫，请他吃饭。故意在饭桌上只放一大块肉，既没有切过，也不放筷子。周亚夫心里愤怒不平，转头就向人索要筷子。景帝见此冷笑道："这个莫非不如你意？"周亚夫吓得赶紧脱帽向皇上谢罪。事实上，在此之前，周亚夫与景帝就废栗太子、封王信为侯和封匈奴王唯徐卢等五人为侯三事上产生了分歧。景帝对周亚夫早有不满。这次赐食试探，周亚夫不仅不识帝意，还怒形于色，最终促使景帝下定决心除去这个先帝嘱托给他的顾命大臣。周亚夫性格中的木讷倔强使他在处理危机时常显得过于刚直，不知顺应时势。司马迁对此二人评价"足己而不学，守节不逊"，结果"终以穷困"。

贰壹

将顺其美，匡救其恶；进思尽忠，退思补过

——评管晏为人与为政

太史公曰：管仲，世所谓贤臣，然孔子小之。岂以为周道衰微，桓公既贤，而不勉之至王，乃称霸哉？语曰“将顺其美，匡救其恶，故上下能相亲也”。岂管仲之谓乎？

方晏子伏庄公[①]尸哭之，成礼然后去，岂所谓“见义不为无勇”[②]者邪？至其谏说，犯君之颜，此所谓“进思尽忠，退思补过”者哉！假令晏子而在，余虽为之执鞭，所忻慕焉。

卷六十二·管晏列传

【注释】

① 庄公：齐庄公（？—前548），春秋时齐国国君。因淫于大臣崔杼之妻棠姜，为崔杼之徒射杀。

② 见义不为无勇：语出《论语·为政》，意谓见到应该挺身而出的事情，却袖手旁观，就是怯懦。

【译文】管仲是世人所称道的贤臣，但是孔子却看不起他。难道是因为周王室统治衰微，而齐桓公贤明，管仲不勉励他实行王道却只辅佐他称霸吗？《孝经》有云："要顺势助成君王的美德，同时又巧妙地纠正他的过错，然后君臣上下就能亲密无间了"。这说的难道不就是管仲吗？！

当初晏子趴在齐庄公尸体上痛哭，成礼而去，这是"见义勇为"的人啊！至于晏子直言进谏，触犯君主威严，这不就是所谓的"在朝堂之上就想着竭尽忠心，回到家里就想到弥补过失"的人吗？！如果晏子还活着，我就算拿着马鞭为他赶车，也心甘情愿。

【讲评】本篇是春秋时齐国两位名相管仲和晏婴的合传。二人不但极具政治才干，而且都在历史上留下了美名。司马迁对他们极为赞赏。

管仲早年生活贫困，时运不济，一直不得志。不过，好在他有鲍叔牙这样一个知己。管仲早年和鲍叔牙一起做生意，盈利后总是给自己多分一点儿，鲍叔牙因知管仲生活艰苦，所以不以为意。有时管仲为鲍叔牙出谋划策，但事情反而更不顺利，鲍叔牙也不介意，知道成事也要讲时运。后来管仲和鲍叔牙各为其主，分别成为公子纠和公子小白的幕僚。当公子小白即位成为齐桓公后，鲍叔牙向齐桓公极力推荐管仲。齐桓公因自己曾被管仲试图射杀而心存芥蒂，鲍叔牙劝谏齐桓公说，若自己为相，齐国至多维持现状，管仲为相可使齐国称霸诸侯。管仲能受到齐桓公重用，正是得益于鲍叔牙的理解与推荐。管仲自己也说“生我者父母，知我者鲍子也”。故有成语“管鲍之交”。

管仲独到的治国之术是什么呢？管仲认为，“仓廪实而知礼节，衣食足而知荣辱”，老百姓只有衣食富足，才会知礼守节。在经济上，管仲主张重商主义，要求齐国“通货识财，富国强兵”，即通过与各国商贸往来使齐国富裕进而强兵强国。在民生上，管仲讲求顺应民情，对于民风民俗宽容待之，与世俗同好恶，“俗之所欲，因而予之；俗之所否，因而去之”。简单来说，管仲的政策大多是因势利导，简易可行。管仲施政没有明显的理想主义情怀，为政讲求务实，司马迁称其政策为“论卑而易行”，意思是理论并不高深，但容易实行。外交上，管仲权衡利弊轻重，奉劝齐桓公不可以一己好恶违背与诸侯的盟约。最终，听从管仲建议的齐桓公凭借齐国强大的实力和齐桓公本人信守承诺的良好形象成为春秋首霸。

本传中的另一位人物晏婴同样是齐国历史上的名相。其人历齐灵公、齐庄公和齐景公三朝，显名于诸侯。晏婴的过人之处甚多，本传主要讲了其中三点，即节俭力行、知人善任和见义勇为。

晏婴虽贵为丞相，但史书记载其以节俭力行而名重于齐。晏婴食不兼味，妻妾也不穿丝帛绸衣。晏婴为人处世低调谦逊。有一次晏婴外出，为其驾车的马夫表现得志得意满、趾高气扬，但晏婴却谦虚卑逊，丝毫不见声张。马夫的妻子见状批评马夫的行为，马夫深感惭愧。自此，马夫的态度也变得卑逊恭敬。晏婴观察细致，注意到了这一变化，询问缘由。知晓事情原委后，晏婴不拘一格，推荐马夫做了大夫。

晏婴礼用贤人越石父的故事也是一段佳话。越石父贤能，但因罪拘禁为人服劳役，晏婴出使晋国时，用车子左边的马将其赎了出来。一同坐车回来后，晏婴自顾进了内室，越石父便请求绝交。晏婴惊讶道："我虽不肖，但至少将你从困厄中救出，为何现在却要与我绝交？"越石父说："君子对于不知己的人可以委曲求全，但对于知己，意志应该得以伸展。当我被拘禁为奴仆时，是因为他们不了解我。您既然因感动醒悟而赎我出来，便是我的知己。对于知己却如此无礼，我还不如做人家的奴仆好了。”晏婴听后将越石父聘为上宾。

齐庄公与权臣崔杼之妻姜氏私通，被崔杼杀害于家中。此时齐国上下惊恐，唯有晏婴不畏权臣，直入崔家趴在齐庄公身上痛哭，礼毕而去，可见他的义勇。崔杼左右谋士都要求杀了晏婴，但崔杼终慑于晏婴的名望，放他走了。

晏婴处事不偏不倚，受国君信任时，对事情就据理直说；不被重用时，就注重加强自身的道德修养。国君如能修正道，就服从国君的命令；国君不行正道，就权衡形势，采取匡扶措施。这也是他能仕历三朝，显名于诸侯的原因所在。

当然，管仲与晏婴能有如此行为，也离不开齐桓公和齐景公的信任。虽然管仲和晏婴的生活，一奢一简，但齐国国君对二人的信任却一如既往。除此之外，管仲与鲍叔牙的友谊，晏婴对越石父和马夫的知人善任，都可见人与人之间的互信。因此，正如学者韩兆琦指出的那样：“作者（司马迁）有意识地突出了朋友之间、君臣之间、上下之间的一些关系准则，这是作者正面表达其政治思想、道德理想的一篇颂歌式的文字，同时也是对汉代现实的一种鞭挞与批判，字里行间凝集着个人身世的无限感慨。”

贰贰

原于道德，施于术法

——评道家分流

太史公曰：老子所贵道，虚无因应，变化于无为，故著书辞称微妙难识。庄子散道德，放论，要亦归之自然。申子[①]卑卑，施之于名实。韩子引绳墨，切事情，明是非，其极惨礉[②]少恩。皆原于道德之意，而老子深远矣。

卷六十三・老子韩非列传

【注释】

① 申子：即申不害，战国时郑国京人（今河南荥阳东南），为韩昭侯相。其思想“本于黄老而主刑名”，主张法治，尤重“术”，强调君主应掌握权谋之术以驭群臣。

② 惨礉：犹“惨急”，多指用法严酷。

【译文】太史公说：老子推崇的是“道”，虚无因循，以顺应自然的“无为”来适应各种变化，他的《道德经》措辞微妙难以理解。庄子进一步推衍老子《道德经》的主张，其学说的要旨仍是自然无为。申不害的理论调门不高，主要就是讲究循名责实。韩非子将法度作为规范行为、决断事情、明辨是非的准绳，发展到极端就是苛刻少恩。法家的理论都是从道家那里发展而来的，而老子的思想最为深邃，对后世影响也最深远。

【讲评】本篇将老子、庄子、申不害、韩非子四人同传记述，与今人对诸子百家的学说分类有所不同。老子、庄子一般被认为是道家的代表，而申不害和韩非子则被认为是法家的代表。前者重清静无为、道法自然，后者却主张权术、用法严苛。表面看来，二者风马牛不相及，但司马迁从二者思想内涵相承袭的角度将道家与法家合传，可看出汉人对这两家学说关系的看法。

司马迁在本传里说道，“李耳无为自化，清净自正”；庄子则“其学无所不闻，然其要本归于老子之言”；“申子之学本于黄老而主刑名”；韩非则“揣事情，循事理”，“喜刑名法术之学，而其归本于黄老”。这一说法其实是将此四人的学说做了一种源流式的梳理，即道术学说起于老子，在庄子和申不害这里有所分流，最后韩非承继申不害的学说，但追根溯源还是老子的思想。

为什么主张无为自化、清净自正的道家学说会发展出主张刑名之学的法家学说？事实上，老子在《道德经》二十五章中提出“有物混成，先天地生。寂兮寥兮，独立而不改，周行而不殆，可以为天地母。吾不知其名，故强字之曰道，强为之名曰大……故道大，天大，地大，王亦大。域中有四大，而人居其一焉。”从中可以看出，“道”这一概念虽然本质上是对自然的崇拜，但老子在《道德经》中也提到了“道大”“天大”“地大”和“王大”四者。换言之，“道”落实在政治领域，便是“人居其一”的“王亦大”，是王侯驾驭天下使人臣万物皆能感受到“道之所存”。

于是以老子为代表的道家思想后来就发展出了两条脉络：一是以庄子为代表的关注对自然的认识，偏重形而上层面；二是以申不害和韩非为代表的注重现实政治方面的刑名法术之学。韩非将此说进一步发展为“君王南面之术”，其在《主道篇》中提到“道者，万物之始，是非之纪也。是以明君守始以知万物之源，治纪以知善拜之端。”韩非认为君王治国，必须静因天道，无为而无不为，这是从术的角度来解读“道”之意，将“道”表现出更多地为政治服务的意义，实际上是对“道”进一步的具体化，并将其形而下之。此时，韩非已开始将道家的

"道论"转化成"法"的思想，通过援道入法，为法家思想奠定了基础。这一点表现在后世便是秦汉时期，虽然秦朝重法、汉初重道、武帝重儒，但内里都对法家思想推崇备至。汉初的外道内法和武帝时的外儒内法，法家思想都是一脉相承的。

不过，虽然法家思想受到当时和后来君主的赏识，但系统论述法家思想的韩非却并未发达，反而因此丧命。秦王读到韩非所撰的《孤愤》和《五蠹》诸篇后，十分欣赏。曾与韩非同学的李斯告诉秦王此乃韩非所著，秦王因此攻打韩国，迫使韩国派遣公子韩非出使秦国求和。秦王得到韩非后却并未重用他，在李斯的诋毁下，对韩非产生了怀疑，担心他身在秦营心在韩，将其囚禁，李斯嫉妒韩非才华，借机将其毒杀。

尽管后世对司马迁将此四人合传的合理性有所质疑，但司马迁认为韩非思想来源于老子，发展了老子道家思想的一个方面，最终成就法家学说，将此四人并传叙述，有其合理性。

贰叁

能行之者未必能言，能言之者未必能行

——评孙膑、吴起成败

太史公曰：世俗所称师旅，皆道《孙子》[①]十三篇，吴起《兵法》[②]，世多有，故弗论，论其行事所施设者。语曰："能行之者未必能言，能言之者未必能行。"孙子筹策庞涓[③]明矣，然不能蚤救患于被刑。吴起说武侯[④]以形势不如德，然行之于楚，以刻暴少恩亡其躯，悲夫！

卷六十五·孙子吴起列传

【注释】

①《孙子》：共计十三篇，孙武所著。为"武学七书"之一。"七书"指《孙子》《吴子》《尉缭子》《六韬》《黄石公三略》《司马法》《李卫公问对》七种兵书。

②《兵法》：又称《吴起兵法》《吴子兵法》，为战国初吴起与魏文侯、魏武侯论兵的辑录集。

③ 庞涓：战国时魏将，曾与孙膑同学兵法。知己才不及膑，将膑诱骗至魏，处以膑刑。后膑得齐使之助赴齐。马陵之战庞涓中孙膑计，大败，自刭而死。

④ 武侯：即魏武侯，战国时魏国国君，在位时为魏国最为强盛时期。

【译文】太史公说：世上但凡谈军旅战法的人，都称赞《孙子》十三篇和吴起的《兵法》，这两部书传世甚广，所以我不多加评论，只叙述他们平生所作所为。俗话说："能做的未必能说，能说的未必能做。"孙膑足够聪明，能够设计杀掉庞涓。但他却不能预先避免刖去膝盖骨的酷刑。吴起劝谏魏武侯治国与其凭借地理形势的险要不如施恩于民，然而他一到楚国执政，却因刻暴少恩而送命，可悲啊！

【讲评】本传记述了古代三位著名军事家孙武、孙膑和吴起的生平。著名的吴起杀妻、田忌赛马、围魏救赵等故事皆出自此篇。

孙武，后世称"兵圣"，著有《孙子兵法》，传至今日。本篇只着重记述了孙武“吴宫教战”一事。吴王阖庐读过孙武兵法后，希望孙武能够为他练兵。为试探孙武的能力，吴王以宫中妃子、侍女作为孙武练兵对象。在三番五次强调军纪却不得行后，孙武不顾吴王求情，将带头不服从军纪的两位吴王宠妃斩首示众，其他人因此听从号令，严守规矩。孙武以此获得吴王认可，被赋予治军重任。其后孙武“西破强楚”“北威齐晋”，最终“显明诸侯”。

孙膑是孙武的后人。早年他和庞涓两人一起拜师鬼谷子学兵法，虽然二人都是一时俊才，但孙膑总比庞涓更高明一点。后来，庞涓被魏惠王拜为将军，因嫉妒孙膑才能，便暗地里把孙膑叫至魏国，然后挖去他的膝盖骨并在他脸上刻字，试图使孙膑成为废人。孙膑虽遭受庞涓陷害，废了双腿，但终被出使魏国的齐国使者偷偷带回齐国并被齐国大将田忌收留。孙膑通过传授田忌赛马获胜的办法，获得田忌和齐威王的信任。

后魏国伐赵，赵国求救于齐，田忌和孙膑作为齐国将帅出征。孙膑猜到魏国为攻打赵国，必然精锐尽出，魏国都城大梁空虚，决定攻打魏国，解除赵国之围，这就是著名的“围魏救赵”典故。十三年后，魏、赵两国攻韩，齐国为救韩国与魏赵两国交战。孙膑与庞涓在这次会战中正面交锋，于马陵道斗智斗勇。孙膑利用魏国士兵骄傲自大的心理，通过减灶添兵的方式示弱于魏军，同时将魏军一步步引到自己的包围圈内。庞涓中计，他根据齐军行军灶数量不断减少揣测齐兵因畏战而大量逃亡。于是，庞涓决定轻装前行，一举拿下齐军。到了狭长的马陵道，齐军一举包围庞涓的部队并射杀了庞涓。孙膑一战成名。围魏救赵和马陵道之战，充分展现了孙膑卓越的军事才能和洞察人心的智谋。齐国因此在与魏国的争锋中占得先机。

本传的最后一位人物——吴起，卫国人，擅长用兵。吴起与士兵同衣食，共甘苦，士兵有的得了毒疮，吴起亲自为其吸吮。吴起作为一名政治改革家，对政治也极有见地。魏武侯以山河之固作为魏国之宝，吴起当面直谏，认为统治“在德不在险”，要武侯修仁政，宽百姓。吴起历仕鲁、魏、楚三国。吴起在魏国担任西河守时已展现出政治才能，为政颇有声名。楚悼王任其为相，吴起大胆变法。他明确法度，依法行事，裁汰冗官，废除了与楚王室关系疏远的贵族的世卿世禄，将存省之费用于练兵。吴起变法使楚国再次强大起来，但同时也侵害了楚国贵族的利益。支持吴起变法的楚悼王一死，楚国贵族便起兵作乱，要杀死吴起。吴起伏在楚悼王的尸体上，让楚国贵族们射杀自己。然而，射杀吴起的箭不可避免地击中了楚王的尸身，按照楚国法律，对楚王尸首不敬者一律死罪。吴起用这样的方式帮助楚王除掉了阻碍变法的七十余家贵族。

在司马迁看来，尽管孙膑聪明异常、谋略过人，但却无法避免自己被庞涓废掉双腿。吴起主张为政“在德不在险”，但却

"能言不能行"，在任楚相时，施行的仍是法家严刑峻法那一套。吴起在鲁国为将时，齐人攻鲁，吴起为了获得鲁君的信任，竟杀掉了自己的齐国妻子以示忠心。司马迁对法家十分厌恶，因此评价吴起"刻暴少恩"。

贰肆

怨毒之于人，甚矣

——评伍子胥复仇

太史公曰：怨毒之于人，甚矣哉！王者尚不能行之于臣下，况同列乎！向令伍子胥从奢[①]俱死，何异蝼蚁？弃小义，雪大耻，名垂于后世，悲夫！方子胥窘于江上，道乞食，志岂尝须臾忘郢[②]邪？故隐忍就功名，非烈丈夫孰能致此哉？白公如不自立为君者，其功谋亦不可胜道者哉！

卷六十六·伍子胥列传

【注释】

① 奢：即伍奢，春秋时楚国大臣。受诬陷与太子叛

乱，平王怒，杀他及其长子伍尚，次子伍子胥逃吴。

② 郢：楚国的都城，在今湖北江陵北。

【译文】太史公说：怨毒对于一个人来说实在太厉害了！国君尚且不能和臣子结下怨毒，更何况是地位相同的人呢？！假使当初伍子胥追随他的父亲伍奢一起死了，这和蝼蚁又有什么区别呢？但他能抛弃小义，洗雪大的耻辱，最终留名后世，悲壮啊！当伍子胥在江边困窘告急，在路边乞讨食物时，他内心时时刻刻都不会忘记楚国对他的杀父、杀兄之仇。所以，隐忍不发，克制忍耐，最终成就功名。如果不是刚烈的大丈夫，谁又能做到呢？白公胜如果不自立为国君的话，他的功业和谋略恐怕说也说不完吧！

【讲评】这篇列传讲述的是吴国名相伍子胥的生平，着重于其为报杀父之仇，弃小义雪大耻的事迹。楚平王听信费无忌谗言，要杀伍奢及其子伍尚与伍子胥。伍尚仁义，追随其父俱死。而伍子胥，正如其父所言“刚戾忍垢，能成大事”，在万分危急的情况下，保持清醒，逃离楚国。其后，他辗转宋国、郑国，最终逃到吴国，帮助吴国公子光，即后来的吴王阖闾夺得王位，深受阖闾器重。在吴楚争霸中，伍子胥帮助吴国战胜了楚国，攻占郢都。为报当初楚平王杀父弑兄之仇，他掘开平王墓，鞭尸三百，以解心头之恨。

然而，有勇有谋的伍子胥也未能善终。吴王夫差继位后，伍子胥渐渐被疏远。又因吴王夫差的宠臣太宰伯嚭与伍子胥有嫌隙，暗中进谗言说伍子胥有谋反之心，吴王夫差听信谗言，赐剑令伍子胥自刎。伍子胥临死前要求死后将自己的双眼悬于东门之外，要亲眼见证越人灭吴的那一刻。吴人感念伍子胥的忠勇，为他立祠，直至今日。

“太史公曰”中提到的楚太子建之子白公胜，其身世经历与伍子胥相近。楚平王听信费无忌谗言后，本想杀了太子建和伍氏一族。太子建闻讯后，与伍子胥一起逃往郑国。太子建本想联合晋国，推翻郑定公，不想却被郑人所杀。伍子胥只好带着太子建之子白公胜一起逃往吴国。

楚平王死后，继位的楚惠王把白公胜召回了楚国。对郑国充满仇恨的白公胜一直建言攻伐郑国，楚国令尹子西本已答应白公胜的要求，但正巧此时晋国攻打郑国，郑国向楚国求援。楚国为了遏制晋国势力，遂出兵援郑。眼见复仇无望的白公胜转而率领暗地里养了多年的死士，试图夺取楚国政权，最终失败被杀。

司马迁赞赏伍子胥和白公胜的志节才干，尤其是对伍子胥能够忍辱负重，弃小义、雪大耻的行为十分肯定，认为非烈丈夫不能为之。正因如此，司马迁对伍子胥遭谗被害亦感悲愤。这种对伍子胥的共情很大程度上源于司马迁对自己身世的自省，尤其是伍子胥能够忍辱负重逃出楚国，最终报得大仇，这与司马迁以刑余之身撰写《史记》有诸多相似之处。因此，司马迁对伍子胥的称道亦可视作是他的某种自我期许。

贰伍

商君，其天资刻薄人也

——评商鞅变法

太史公曰：商君，其天资刻薄人也。迹其欲干孝公①以帝王术，挟持浮说，非其质矣。且所因由嬖臣，及得用，刑公子虔②，欺魏将卬③，不师赵良④之言，亦足发明商君之少恩矣。余尝读商君《开塞》《耕战》书，与其人行事相类。卒受恶名于秦，有以也夫！

卷六十八·商君列传

【注释】

① 孝公：即秦孝公，战国时秦国国君。以商鞅为左庶长，实行变法。从此，秦益富强，有席卷天下之势。

② 公子虔：秦孝公太子驷之傅。孝公用商鞅变法，他

因纵太子犯法而受劓刑。孝公卒，太子立，是为秦惠文王。他诬告商鞅欲反，秦遂杀商鞅，灭其家。

③ 卬：战国时魏国人，魏惠王时为将。

④ 赵良：战国时人，曾劝说商鞅废新法，隐居山林。商鞅未从，终被车裂灭宗。

【译文】太史公说：商鞅这个人，天性刻薄寡恩。考察他以帝王之术邀誉于孝公，挟持虚浮的学说，这并非他的真心所在。他依靠国君宠信的太监而被举荐，等到被任用，就刑罚公子虔，欺骗魏将公子卬，不听从赵良的劝谏，这都足够证明商鞅的刻薄寡恩了。我曾读过商鞅的《开塞》《耕战》等文章，内容和他后来的作为很相似。他最终在秦国落得个谋反的恶名，也是有原因的啊！

【讲评】本篇记述了商鞅在秦变法革新使秦一跃成为强国，而本人却身败名裂的故事。从司马迁的评论看，站在儒道立场的他并不赞赏商鞅的人品和行为，故对其多有批评。

商鞅本是卫国公室庶出的公子，姓公孙氏，名鞅，祖先姓姬。商鞅从小喜欢刑名之学，在魏相国公叔座家中担任中庶子。公叔座知道商鞅才能，重病时向前来探望的魏惠王推荐商鞅，称其年少有奇才，可以国事付之。魏惠王听后不以为然，默然不语。魏惠王行将离开时，公叔座屏退左右，再次向魏惠王建言，说如果不任用商鞅，请一定要杀掉他，不要让他离开国境。魏王没有听从公叔座的建议，既未重用商鞅，也未将其处死。公叔座死后，商鞅听闻秦孝公招贤求才，于是西行至秦国，凭借与秦孝公宠臣景监的关系，得以求见孝公，从此开始其恢宏的变法事业。

商鞅总共三次游说秦王，前两次分别向秦王阐述了帝道和王道的政治主张，希望秦王能建立堪比三代的德治，但秦王认为这番言论太过虚无缥缈，对此不感兴趣。直到第三次进言时，商鞅向秦王讲述为霸之道，即具体的强国之术，孝公才和他谈得投机，甚至身体都不自觉地前倾。

这次交谈后，秦王决定重用商鞅，但遭到了甘龙等大臣的反对。甘龙主张要顺天应民、从古而治，认为圣人不变更民俗来教化人民，智者不变更法度来治理天下，一切都应因势利导，顺民而教，这样才能事半功倍。商鞅并不同意甘龙的看法，认为这些都是世俗之见。他提出，按照甘龙的见解，做一个守成之君绰绰有余，但如今天下大乱，想要崛起于乱世之中，仅靠遵循旧道是没用的，必须变法革新。凡对国家有利者就不必效法古制，要勇于变法改制。更何况，即便是甘龙所遵从的上古三代之治，商汤和周武的制度也并不相同，这恰恰说明上古三代正是因为不遵循古制方能统一天下，而不革新礼教者如夏桀和殷纣才是导致亡国的根源。这番辩论之后，秦孝公愈加赞赏商鞅的言论，因此任命其为左庶长，总管变法事宜。

商鞅变法的核心是如何使国家更好地开发民力。对于百姓来说，主要是平时务农、战时从军两件事。商鞅规定，一家有两个以上壮丁却不分家，政府便要加倍征收赋税。务农甚力，贡献更多粮谷衣帛者，可免除徭役；从事工商业和懒惰贫穷者，便会被官府收为奴仆。从军者，作战立功可按军功大小封赏授爵，私相斗殴者，按情节轻重，处以大小不等的刑罚。这些措施最大限度地使百姓成为更有效率的生产者。此外，商鞅推行什伍制（五家为“伍”，十家为“什”）和连坐制（一家犯法，各家受罚），告发奸恶者，与军人斩首敌人同等赏赐；隐匿奸恶者，与投降敌人同罪论处，有效地掌控民户，为国君所用。对于贵族，商鞅一视同仁，凡宗亲没有军功者，不得列入贵族名册，不享受特权，一切都以军功大小论定。

为推行新法，取信于民，商鞅于国都南门立下三丈之木，宣称谁能将其移至北门，便赏十金。商鞅见无人相信，后又提高至五十金。最终，有一人果然将木头搬走，商鞅赏给他五十金以示公信，是为“徙木立信”。

新法侵害了贵族利益，以太子为首的贵族公然挑衅。有一次，太子触犯新法，考虑到太子乃国君子嗣，商鞅便令太子的老师公子虔和公孙贾代受刑罚。后来，公子虔又触犯法令，被商鞅处割鼻之刑。百姓见贵族犯法与庶民同罪，再无人敢质疑变法。不出十年，秦国道不拾遗，山无盗贼，家给人足；百姓勇于公战，怯于私斗，乡邑大治。

对外战争方面，商鞅诡诈多变，全然不重承诺。秦魏两国相邻，秦国趁魏国国力衰弱之际，攻打魏国。两军对垒之际，商鞅作为秦军主帅送信给魏将公子卬，称自己此前与公子卬交好，两军交战，实各为其主，不如二人相见，订立盟约，然后退兵，可保两国安全。公子卬赴约前往。盟约签订后，商鞅趁双方饮酒时，令早已埋伏好的武士突袭，俘虏魏公子卬，击溃魏军。魏国经此一役，国力愈加衰弱，魏惠王此时才悔叹当初不听公叔座之言。商鞅也因此役获赐于、商两地十五个都邑，封号商君。商鞅之名，亦得于此。

商鞅为秦相十余年，虽然有功于秦国，但也树敌过多。有一次赵良会见商鞅，向商鞅谏言道："你是通过秦王宠信的小人景监才被秦王任用的，这本不是什么光彩的事。你担任秦相时，又不以百姓利益为重，对百姓的教令比国君的命令还严苛，还对太子的老师大施刑罚，这都会积累民怨。百姓服从你的命令比服从国君的命令还迅速，你自己又对外称寡人，妄改国君的命令，这些都有僭越之嫌。"赵良还以穆公时的贤相百里奚作对比，奉劝商鞅要谨言慎行，积德蓄行，切不可骄横跋扈，不然一旦孝公去世，你的死期也不远了。不如现在归还十五个都邑，告老归乡，或可保全。对于赵良的这番逆耳忠言，志得意满的商鞅自然不会听从。果不其然，秦孝公一驾崩，商鞅就被公子虔的党徒告发谋反，最终被处以车裂之刑，商鞅家人也被悉数处决。

商鞅变法将战国时期传统的“君主—贵族—百姓”转变为“君主—官僚—百姓”的三元结构。君主通过直接听命于己的官僚发号施令，无需再受到贵族的干扰，以此拥有更强大的支配民间资源的能力，这也是秦国战胜他国的重要原因。

商鞅虽被处死，但他的新法并没有因他的死而湮没不存，与其他国家人亡政息的变法结局形成了鲜明对比。此后的秦国国君沿袭了商鞅的法度，最终得以统一六国。

贰陆

真倾危之士哉

——评张仪连横之术

太史公曰：三晋[①]多权变之士，夫言从衡强秦者大抵皆三晋之人也。夫张仪之行事甚于苏秦[②]，然世恶苏秦者，以其先死，而仪振暴其短以扶其说，成其衡道。要之，此两人真倾危之士哉！

卷七十·张仪列传

【注释】

① 三晋：指春秋末韩、赵、魏三家瓜分晋国后的韩、赵、魏三国。

② 苏秦：战国时著名纵横家。奉燕昭王之命入齐，从事反间活动，使齐疲于战事，放松对燕的警惕，以便燕攻齐复仇。后其反间活动暴露，被车裂而死。

【译文】太史公说：韩、赵、魏三晋之地多善于权谋机变之人，说起来，那些提倡合纵连横，使秦国强大的大多是三晋地区的人。张仪的行为处事比苏秦有过之而无不及，但世人大多厌恶苏秦，那是因为苏秦先死，张仪能够宣扬暴露苏秦合纵的坏处，以此来支持自己的主张，成就自己连横的策略。总而言之，这两位真的都是那种能让天下国家覆亡的人啊！

【讲评】本篇记述的是战国时期纵横家张仪。和苏秦一样，张仪年轻时也曾追随鬼谷子学习纵横之术。

根据司马迁的记载，张仪曾到赵国求谒苏秦。苏秦既不让门客通报，又不让张仪离开，几天后才接见张仪。苏秦令张仪坐在堂下，赐给他仆人吃的食物，还几次三番刺激他：“以你的才能，如今却困辱如此，我难道不能推荐你让你富贵吗？实在是你的才能不值得我推荐啊。”张仪被苏秦如此羞辱，一怒之下，认为只有秦国才能让赵国受苦，于是决定西向入秦。

秦惠王十年，秦国攻占魏国蒲阳后，张仪建议秦惠王归还蒲阳并将公子繇送到魏国做人质，自己游说魏王，令魏国献出上郡和少梁以答谢秦国。张仪因此拜相。

为使魏国与秦国交好，张仪转到魏国做宰相，与秦国里应外合。魏襄王与魏哀王虽不肯听从张仪的游说，但秦国两次出兵战胜魏国，迫使魏国重新思考和秦国的关系。秦国大败魏将韩申差的军队后，张仪趁机劝魏王道：“魏国地方不过千里，兵卒不过三十万，南接楚境，西与韩邻，北连赵国，东与齐交，本就是四战之地。楚、韩、赵、齐，魏国得罪不起任何一国。如今虽有合纵之约，但各国心怀鬼胎，只是想借机强兵显名而已，根本不会出力。亲兄弟之间尚且还会争夺钱财，更何况是这个依靠狡诈反复的苏秦而形成的六国同盟？合纵必然失败。大王如果不臣事秦国，秦国必定出兵攻占黄河以南一带，领兵据守卷、衍、燕等地，并威逼卫国攻取阳晋。如此一来，赵国无法南下救魏，魏国亦无法北上援赵，那么两国合纵的意义荡然无存，魏国也就很危险了。如果韩国再迫于秦国武力被秦国说服攻打魏国，那么魏国灭亡指日可待，这才是最令人担忧的地方啊。所以为大王着想，不如归顺秦国。魏国事秦，则楚、韩两国必不敢动。没有来自楚、韩两国的威胁，大王便可高枕无忧。再说，秦国的对手是楚国，能削弱楚国的恰恰是魏国。楚国表面上虽然富足强大，但只是徒有其表。如果魏国倾全国之力攻伐楚国，一定能够获胜。届时魏国和秦国皆能获利，何乐不为。如果大王不听从我的意见，等到秦国东进攻打魏国时，大王再想归顺秦国恐怕就不可能了。那些鼓吹合纵的人只会讲大话，绝不可信。所以还请大王重新考虑，制定一个有利于魏国的政策。”魏哀王被张仪说动，违背了合纵盟约，张仪回到秦国继续担任秦国宰相。三年后魏国又背弃秦国，加入合纵联盟。秦国出兵夺取曲沃，魏国再次违背合纵，归顺了秦国。以此可见，各国在连横与合纵之间反复摇摆，连横与合纵从来不是铁板一块。

魏国之后，张仪又以半威胁半欺骗的方式先后游说楚、韩、齐、赵、燕五国。面对实力远强于魏国的楚国，张仪选择以欺骗的方式游说楚怀王。张仪声称只要楚国断绝与齐国的交往，秦国便会献出商於一带六百里的土地给楚国。楚怀王听信其言，不但废除盟约还把楚国相印交给张仪。为了向张仪证明自己确实要和齐国断交，楚怀王甚至还派勇士到北方的齐国去骂齐王。齐王大怒，与楚国折节断交并与秦国结交。然而，当楚怀王满心欢喜准备接收六百里土地时，张仪却说自己当初只是承诺六里土地，而非六百里。楚怀王大怒，派军队攻打秦国，结果被齐秦联军打败，还丢失了丹阳和汉中一带的土地。张仪趁此机会又故技重施，威胁楚王说，以秦国国力，如果先攻取韩国，魏国必然西面事秦，此时秦国再进攻楚国西界，韩、魏两国进攻楚国北界，楚国便岌岌可危。不如与秦国结好，可保楚国无忧。楚怀王和魏哀王一样，接受了张仪的建议。

此后韩宣惠王、齐湣王、赵武灵王和燕昭王莫不如是，不但放弃合纵，还主动献出城池，与秦国交好。可以说，正是张仪凭借其三寸不烂之舌，周旋于六国之间，拆散了六国合纵之盟，破坏了六国联合抵御秦军东进的计划。

司马迁在议论中提到的“权变之士”，指的就是张仪这样的纵横家。这些游说诸侯的纵横家仅凭一张嘴便可能倾覆一个国家，司马迁对此十分厌恶。

贰柒

贵极富溢，终以忧死

——评穰侯起落

太史公曰：穰侯，昭王[①]亲舅也。而秦所以东益地，弱诸侯，尝称帝于天下，天下皆西乡稽首者，穰侯之功也。及其贵极富溢，一夫开说，身折势夺而以忧死，况于羁旅[②]之臣乎！

卷七十二·穰侯列传

【注释】

① 昭王：即秦昭襄王，战国时秦国国君。在位期间攻伐六国，秦独强，为秦统一六国奠定了基础。

② 羁旅：长久寄居异乡，也指寄居异乡的人。

【译文】太史公说：穰侯是秦昭王的亲舅舅。秦国之所以能向东扩张领土，削弱诸侯，在诸侯间称帝，使天下诸侯皆向西俯首称臣，全都是穰侯的功劳啊。等到他显贵至极，却因范雎一人的说辞，就落得失权失势忧郁而死的下场。穰侯尚且如此，更何况那些寄居异国的客卿呢！

【讲评】本篇讲述的是秦国穰侯魏冉身贵富溢但最终身折势夺的史事。魏冉是秦宣太后的异父长弟，很有才干。他从秦惠王时任事，历经惠王、武王。武王举鼎被砸身亡，魏冉通过杀伐手段拥立宣太后之子昭王即位，以将军之职守卫咸阳，驱逐武王王后，将昭王行为不轨的诸弟全部剿灭，稳定了秦国的政局。此时，昭王年岁尚轻，宣太后掌政，魏冉执掌大权。

魏冉四次为相，起用名将白起，连续东进，先后多次攻打韩国、魏国和楚国等，帮助昭王开疆辟土，为秦国一统天下打下了坚实的基础。昭王十五年，魏冉被封于穰地，加封定陶，号为穰侯。得其荐举的白起被封为武安君。此时的魏冉不但身份尊贵，富比王室，而且功绩彪炳，权势熏天。

然而，好景不长。秦昭王亲政后，对一手遮天的穰侯日渐不满，加之魏冉本人以权谋私，君臣矛盾激化，范雎的几句话点破穰侯越过三晋远征齐国乃是为自己谋私利，再渲染几句宣太后专制、穰侯专权，就让“贵极富溢”的穰侯魏冉垮台了（事见《范雎蔡泽列传》）。

贰捌

尺有所短，寸有所长

——评白起、王翦短长

太史公曰：鄙语云“尺有所短，寸有所长。”白起料敌合变，出奇无穷，声震天下，然不能救患于应侯。王翦为秦将，夷六国，当是时，翦为宿将，始皇师之，然不能辅秦建德，固其根本，偷合取容，以至殁身。及孙王离①为项羽所虏，不亦宜乎！彼各有所短也。

卷七十三·白起王翦列传

【注释】

① 王离：战国时秦将。秦将军王翦之孙、王贲之子，始皇时封武城侯。后被项羽所俘，坚决不降，自焚而死。

【译文】太史公说：俗语有云"尺有所短，寸有所长。"白起料事如神，随机应变，屡出奇招，声名威震天下，但不能防备应侯范雎对自己的陷害。王翦作为秦国将领，平定六国，在当时可算是元老将军，秦始皇尊其为师，可他不能辅佐秦始皇建立德政，巩固统治根基，相反却苟且迎合取悦人主，直至死去。他的孙子王离被项羽俘虏，不也是理所应当的吗！这是因为他们各有各的短处啊。

【讲评】本篇记述了秦国的两位名将白起和王翦的史事。二人都在秦国统一六国战争中立下了赫赫战功。

白起善于用兵，在穰侯魏冉相秦时被举荐重用。白起曾带兵攻取韩、赵、魏、楚大片领地，最著名一战当属秦赵之间的长平之战。这也是司马迁在本篇中着力描写的部分。

秦昭王四十七年，秦国攻打韩国，占领上党，与赵军相持于长平。赵国本来任命的主帅是老将廉颇。廉颇经验老到，料定只要坚壁不出，秦军自然会退去。但赵王却屡次责备廉颇，认为廉颇的表现是示弱于秦。秦国见赵军严防死守，只好另行反间计，散布谣言，说秦国害怕的是赵括而非廉颇，廉颇之所以如此避敌不出，是因为他正准备投降。赵王果然中计，用只会纸上谈兵的赵括换下老成持重的廉颇。赵括一上任便出兵攻打秦军。白起一面佯装不敌，诱敌深入，一面通过迂回运动，分割并围堵赵军，在长平射杀主将赵括，大获全胜。在赵军悉数投降后，白起为防止赵军暴动作乱，将四十万赵军全部坑杀，震惊赵国。

白起经此役声名鹊起，却也引起同僚的嫉妒。应侯范雎经苏代提醒意识到，如果白起带兵灭掉赵国，秦王称帝，白起无疑是第一功臣，自己的地位便岌岌可危。因此，范雎赶忙向秦王建言，与其兴师动众，南征北战，不如让韩、赵两国割地求和，借此让秦军休养生息。秦王听从了应侯的建议。白起只好暂停对赵国的军事行动，但从此与范雎结下仇怨。

昭王四十九年，秦国再次发兵攻赵。白起两次称病拒绝出征，还挖苦秦王不听从自己的计策，惹怒了秦王，被免除官位，贬为士兵，流放至阴密。白起被流放后，郁郁寡欢，时有怨言。秦王索性赐剑令其自杀。临死前，白起想不通自己无甚罪过，为何落得如此结局，只好将之归罪于自己曾坑杀四十万赵军一事。事实上，白起未能处理好和秦王的关系，政治上的任性使他落个自裁的下场。

王翦是秦国的另一名将。相较于白起，王翦更清醒地认识到秦王并不完全信任像自己这样立有大功的将领，只是关键时刻利用自己的军事才能而已。秦将李信被楚军打败后，秦始皇悔不听王翦言再次求助于他时，王翦并未表现出骄傲的姿态，反而主动向秦始皇示弱，要求在出征楚国前能获得更多赏赐作为子孙产业。王翦此举只是为了表明自己并无更大的野心，以此换得秦王信任。然而，司马迁对王翦一味迎合、换取容身之地的做法表示不满，批评王翦不能辅佐秦始皇建立德行，稳固根本。司马迁认为，臣子不但要替君主分忧解难，还要匡扶社稷，佐行正道。

贰玖

放于利而行，多怨

——评孟子、荀子

太史公曰：余读孟子书，至梁惠王[1]问“何以利吾国”，未尝不废书而叹也。曰：嗟乎，利诚乱之始也！夫子罕言利者，常防其原也。故曰：“放于利而行，多怨。”自天子至于庶人，好利之弊何以异哉！

卷七十四·孟子荀卿列传

【注释】

① 梁惠王：即魏惠王，战国时魏国国君，魏武侯之子。惠王九年（前361），从安邑（今山西夏县西北）迁都大梁（今河南开封），从此魏亦称梁。晚年屡遭秦国进攻，先后失去河西、上郡。

【**译文**】太史公说：我读《孟子》这本书，每次读到梁惠王问“怎样才能对我的国家有利”时，总不免放下书本有所感叹。哎，谋利实在是一切祸乱的开始啊！孔子很少谈利益的问题，就是为了防范这个祸乱的源头。所以说：“依据利己的原则办事，往往会招致很多怨恨。”上至天子下至庶人，喜欢逐利的毛病又有什么不同呢！

【**讲评**】本篇记述的是儒家两位重要的思想家孟子和荀子的事迹。司马迁在本篇中还列述了其他各家各派的学说和人物，是对当时思想学说的一次综合记录。

孟子，名轲，鲁国邹人，是子思弟子的学生。孟子继承了孔子“仁”的学说，并进一步主张“民贵君轻”。孟子守道不阿的精神令人感佩，但这套说法在战国时期并不受欢迎。孟子去游说齐威王，吃了闭门羹。到了梁国，梁惠王认为孟子迂阔、不切实际，也不信任他。孟子最后和孔子一样，退而专心著述，与弟子万章等人编订《诗经》《尚书》，发扬孔子学说。对于孟子，司马迁更强调其直承孔子思想的特点，认为其“述仲尼之意”，明确了二人学术承袭的关系。

荀子作为儒家的另一位重要人物，与孟子主张迥异。最根本的在于二人对人性有着截然相反的看法。孟子主张人性本善，而荀子则认为人性本恶。正因为人性本恶，荀子更重视礼的作用。荀子虽是儒家，但其弟子李斯和韩非等将荀子之礼进一步发展为法，成了法家代表人物。荀子也因此在后代备受争议，被认为并非纯儒。

相较于孟子，荀子生前颇有风光之时。齐襄王时，荀子已是地位崇高的学者，被视为士大夫领袖。后来他前往楚国，经春申君荐引，成为兰陵令。同时，他也教出过像李斯这样的秦国宰相。和孟子一样，荀子眼见君主不行正道，只求功利，对乱世政治不满，最后选择退而著述，死后葬在兰陵。

本篇还记述了驺衍、淳于髡等人的经历和思想学说。驺衍在孟子之后，创造出一套阴阳五行的理论，这套理论讲求五行之德相生相克，循环周转，在当时也受到很多君主的追捧。淳于髡身学百家之长，曾像孟子一样希望谋于梁惠王，但最终辞谢而去。因其和孟荀二人的思想学说有关联，所以一并记述。此篇既是孟荀二人的纪传，也是对战国思想界的概述。

有一点值得注意，尽管今天人们谈论儒家时，言必称孔孟，似乎孟子地位崇高，影响深远。但在当时，孟子的影响力其实并不大，许多人并不把孟子作为一个重要的论敌。战国末期的《韩非子》和《吕氏春秋》等书中甚至都未曾提及孟子。孟子真正成为儒家的“亚圣”，则是一千多年后的唐宋时期。韩愈、王安石和朱熹等人对孟子极为推崇，朱熹编订《四书章句集注》，将《孟子》定为“四书”之一，指引后学以此作为治学修身的门径，这对孟子和《孟子》一书的推广有着重大影响。元代科举考试将朱熹所作《四书章句集注》定为必读和必考书目，《孟子》作为“四书”之一的地位才得以巩固，而这已经是宋末元初的事了。

叁拾

好客自喜，名不虚传

——评孟尝君养士

太史公曰：吾尝过薛，其俗闾里率多暴桀子弟，与邹[①]、鲁[②]殊。问其故，曰："孟尝君招致天下任侠奸人入薛中盖六万余家矣。"世之传孟尝君好客自喜，名不虚传矣。

卷七十五·孟尝君列传

【注释】

① 邹：古国名，本作"邾"，亦称"邾娄"，在今山东省曲阜市东南。战国时灭于楚。

② 鲁：古国名，开国君主为周公旦之子伯禽，建都曲阜（今属山东）。春秋时国势衰弱，战国时成为小国，为楚所灭。

【译文】太史公说：我曾经到过薛邑，从那个地方的民俗来看，乡间里坊大多是暴戾强悍的年轻人，这和邹、鲁两地的风俗很不同。我问当地人其中的原因，他们回答我说："孟尝君招揽天下宾客，其中游侠、鸡鸣狗盗之徒来到薛邑的大概有六万多家。"世上传闻孟尝君以好客为乐，真是名不虚传啊。

【讲评】本篇讲述的是战国四公子之一的孟尝君。孟尝君，姓田名文，其父田婴是齐威王的小儿子、齐宣王的异母弟。田文出身不好，由贱妾所生，在田婴四十多个孩子中不受待见。田婴甚至以田文五月五日出生，长大后会和门户一般高为由，要求其母不要抚养田文。但田文从小聪明有识见，很早就认识到豢养门客、礼贤下士的重要性。他看出父亲家中虽锦衣玉食，但幕下却无贤士，建议父亲礼待宾客。田婴这时才看中田文，并令其负责主持家事。田文不负期望，逐渐显名于诸侯，在诸多兄弟中脱颖而出，继承了田婴的爵位。

孟尝君礼贤下士，重养门客的名声越传越大，甚至一些罪犯也会慕名投靠他。著名的"鸡鸣狗盗"便典出此篇。齐湣王二十五年，齐王派孟尝君出使秦国。秦昭王听说孟尝君贤能，想拜他为相。孟尝君到了秦国后，秦昭王又听信了身边人的谗言，担心孟尝君不会全力辅佐自己，于是将孟尝君拘禁起来。

此时，孟尝君平日里一位擅长偷鸡摸狗的宾客为孟尝君偷得一件白狐裘献与昭王的宠姬，靠着宠姬的求情，孟尝君得以逃脱。在逃跑的路上，秦昭王忽然后悔释放了孟尝君，连忙派人去追赶。孟尝君到了函谷关，天还没亮，城门紧闭，无法出关。这时又靠着另一位能学鸡叫的门客模仿鸡叫，所有的鸡都此起彼伏地叫了起来，城门大开，孟尝君一行人得以顺利脱逃。

每当孟尝君有难时，曾经受惠于他的门客便会凭一技之长为孟尝君排忧解难。但这种雇主与食客的关系并不牢固。孟尝君一旦被齐王免职，众食客便纷纷离去，直到他复职才一一回来。孟尝君虽对人情淡薄感到愤怒，但也无可奈何。

战国末期，贵族豢养门客的风气很盛。孟尝君此举只是为了充实自己的实力，在乱世中维护自己的荣华富贵。随着后世中央集权的逐步深化，后人对孟尝君这一“营私”行为常持批评态度。如王安石在《读孟尝君传》中认为“孟尝君特鸡鸣狗盗之雄耳”，清人更是直斥孟尝君虽好客，“但营私耳”。

叁壹

浊世佳公子，然不睹大体

——评平原君解邯郸之围

太史公曰：平原君，翩翩浊世之佳公子也，然未睹大体。鄙语曰“利令智昏”，平原君贪冯亭[①]邪说，使赵陷长平兵四十余万众，邯郸几亡。虞卿[②]料事揣情，为赵画策，何其工也！及不忍魏齐[③]，卒困于大梁，庸夫且知其不可，况贤人乎？然虞卿非穷愁，亦不能著书以自见于后世云。

卷七十六·平原君虞卿列传

【注释】

① 冯亭：战国时韩国上党（今山西长治）郡太守。战国后期，秦始皇攻伐韩国上党郡。在上党即将败亡之际，冯亭将上党十七座城池献给了赵国，将赵国推向了抵抗秦

国的最前线，引发了历史上著名的“长平之战”。

② 虞卿：战国时人，善游说，属纵横家。因进说赵孝成王被任为赵上卿，封之于虞，故号虞卿。

③ 魏齐：战国时魏国公子，魏昭王时任丞相。因怀疑范雎泄密于齐，笞之。后范雎更名张禄，逃至秦，为秦昭王相，必欲杀之以报仇。魏齐遂自杀。

【译文】太史公说：平原君是一位乱世中依然风度翩翩的公子，可惜他不识大局。俗话说“利令智昏”，平原君过分相信冯亭的邪说，使得赵国在长平之战中损失了四十多万士兵，邯郸城也差点被攻占。虞卿审时度势，为赵王出谋划策，做得是多么巧妙啊！后来因为怜悯魏齐，最终在大梁穷困潦倒，普通人都知道不可以这样做，更何况是贤人呢？但是虞卿如果不穷困潦倒，他也不可能著书立说，使自己青史留名。

【讲评】本篇是赵国平原君赵胜和上卿虞卿的合传。平原君赵胜是赵武灵王之子，赵惠文王之弟，辅佐赵惠文王和孝成王，三任宰相。与孟尝君相同，赵胜也是战国四公子之一，同样好养门客。门客中最为人熟知的便是毛遂。著名的“毛遂自荐”“脱颖而出”和“三寸之舌”便出自此篇。

赵惠文王九年，秦军包围邯郸，想一鼓作气打下赵国，但久攻不下。赵国此时急需救兵，平原君赵胜打算与二十位有勇有谋、文武兼备的门客一起前去楚国求救。但挑来挑去，只找到十九位。这时，毛遂便自我推荐，请求同去。起初，平原君不以为意，认为毛遂在自己身边待了三年，如果确有才能，早就像铁锥放入袋子一样显露出来。不过，经不住毛遂的坚持，赵胜最终带着他同另外十九位门客一同前往楚国。

到了楚国，平原君和楚王商量联合抗秦的事，再三分析合纵的利害关系。但从早上谈到中午，始终没有结果。这时，毛遂左手提剑，拾级而上，一个箭步冲到楚王面前，大声呵斥楚王："你坐拥百万雄师，但如今十步之内，性命堪忧，纵有雄兵百万又如何？再者，楚国空有称霸天下的资本，却不想着报当年白起夷陵之仇。合纵一事，完全利于楚国，你却在平原君面前摆架子，又是为何？"楚王听后，慑于毛遂的威胁和道理，当即答应歃血为盟。毛遂的这番言行最终促成了赵、楚联盟。在和秦军交战中，平原君听从李同的建议，散尽家中财物以犒赏士兵，组织三千敢死兵士，逼退秦军三十里。靠着楚国和魏国的救兵，保住了邯郸城。

不过，平原君虽在解邯郸之围上表现突出，但他去楚国搬救兵恰恰是因为自己的误判，导致秦国攻赵。在此之前，秦国进攻韩国，韩国上党郡守冯亭以上党归赵以求保全。赵孝成王在平原君的怂恿下接收了上党十七城，并封冯亭为华阳君。秦军转而攻赵，致使秦赵交战于长平。长平一役，赵国四十万大军被秦将白起坑杀，使得赵国再无力抵挡秦国的军队。所以，司马迁在本传最后以“利令智昏”四字评价平原君。平原君虽是一位风度翩翩的佳公子，也能听人劝谏，忠于国家，但实在没有战略头脑，只是侥幸靠着几个门客渡过难关罢了。

相比于平原君，同时期的赵国上卿虞卿就清醒得多。在长平之战初期，虞卿就力主联合楚、魏两国共同抗秦。然而，赵孝成王却执意要与秦国求和。楚、魏两国见赵国求和就不再救援赵国，致使赵军在长平之战中大败于秦军。邯郸之围解除后，虞卿又力主不与秦国媾和，认为即便用再多的城池都无法满足秦的虎狼野心，在与楼缓几次辩论后，终于说服赵王，使赵国避免了不必要的损失。

秦昭王四十二年，昭王欲为应侯范雎报当年魏齐侮辱范雎之仇，强使平原君交出魏齐。平原君本已拒绝，但魏齐还是连夜逃至好友虞卿处。虞卿揣度赵王终究还是招架不住秦王的威胁，于是自解相印，与魏齐一起逃亡。然而，魏齐最终还是自刭谢世，虞卿也因之受困于大梁。虞卿晚年著书立说，写下《节义》《称号》等篇，后世传之为《虞氏春秋》。

接岩穴隐者，不耻下交
——评信陵君之义

太史公曰：吾过大梁之墟，求问其所谓夷门。夷门者，城之东门也。天下诸公子[①]亦有喜士者矣，然信陵君之接岩穴隐者，不耻下交，有以也。名冠诸侯，不虚耳。高祖每过之而令民奉祠不绝也。

卷七十七·魏公子列传

【注释】

① 公子：先秦称诸侯的儿子为公子。

【译文】太史公说：我经过大梁城的遗址，向人打听所谓夷门在哪里。原来夷门就是城的东门。天下的公子们也有好客的，然而像信陵君这样不惜自降身份去结交散落在民间的高人，也确实有他的道理。他的名声冠绝诸侯，并非虚传。汉高祖刘邦每次经过时，都让百姓祭祀他。

【讲评】本篇传主是战国四公子之一魏公子无忌，即信陵君。魏无忌是魏昭王的小儿子，魏安釐王同父异母的弟弟。虽同为战国四公子，但信陵君在司马迁笔下的形象明显好于其他三位，原因在于魏无忌为人仁慈谦让、尊重士人。无论士人贤能与否，他都以礼待之，不因自己身居高位而有所傲慢。这与孟尝君和平原君假意待人、怠慢门客的做法完全不同。世传周围数千里的士人都争相跑来投靠公子无忌，其他诸侯国有惮于魏无忌的贤明，十几年不敢攻打魏国。

历史上著名的“窃符救赵”一事集中体现了信陵君讲求仁义的美德。魏安釐王二十年，秦军于长平击败赵军，进兵围困赵国都城邯郸。平原君赵胜的夫人是魏无忌的姐姐，多次向魏国求救。但秦国以武力威胁魏王不准救赵，魏王害怕，只好令魏国大将晋鄙驻守在邺地，以作观望。

魏无忌几次劝说魏王出兵无果后，他的门客侯嬴出主意说，国君的宠妃如姬很感激魏无忌为她报了杀父之仇，如今可找如姬窃取兵符。如姬为报答信陵君，果然照做。在顺利拿到兵符准备出发之际，门客侯嬴担心晋鄙不听从信陵君的命令，又推荐了自己的朋友朱亥陪同信陵君一同前往邺地。侯嬴目送信陵君出发，并许诺信陵君到达晋鄙军中的那天，便面向北方自杀以答谢公子。

到了邺地，信陵君假传魏王命令，要求晋鄙交出兵权。晋鄙在核对兵符无误后仍觉颇为蹊跷。像公子无忌这样轻车上任，取代自己的大事，事前却无任何风声，实在不合常理。就在晋鄙犹豫之时，朱亥取出藏在袖子里的铁锥，一下击毙了晋鄙。魏无忌顺利取得兵权，挑选精兵八万，攻击秦军，解救了邯郸。侯嬴也如他所言，面向北方自杀了。

在这次行动中，两位关键人物侯嬴和朱亥都曾是信陵君倾心结交的贤人。他们或为隐士，不为人所知；或为屠夫，身份卑微，但信陵君都一视同仁，厚礼待之。二人在关键时刻助信陵君一臂之力，报答了这份知遇之恩。司马迁对信陵君礼贤下士和侯嬴等人“士为知己者死”的行为表达了高度的钦佩。

信陵君在这次行动之后，虚心接受门人的意见，及时收起得意之情，选择旅居赵国，得以保全。然而，秦国听闻信陵君旅居赵国，连夜出兵，意图东伐魏国。魏王为此担忧，想请信陵君回国。信陵君担心魏王报复自己当初“窃符救赵”一事，始终不予回应。此时，门客毛公和薛公劝导信陵君：“你之所以在赵国受到尊重，扬名于诸侯，正是因为有魏国的存在。倘若魏国不存，公子又有何面目立足于天下？”信陵君闻言，便吩咐手下赶快备好车马，回救魏国。魏王与信陵君不但重归于好，而且各国听闻信陵君回到魏国，也赶来驰援，一举将秦国击退至函谷关。信陵君将各国宾客呈献的兵法汇总成《魏公子兵法》，传名后世。

秦王兵败后，勾结晋鄙的门客，令其在魏王面前毁谤信陵君，称天下只知魏公子而不知魏王，离间君臣二人。魏王本就对信陵君的威望颇为忌惮，又几次三番听到这样的谣言，最终决定弃用信陵君。无奈之下，信陵君只好不停地饮酒作乐，最终患病而死。司马迁对信陵君的结局表现出极大的感慨和同情。

司马迁在本篇中对信陵君的正面描写其实是将自己对理想社会的期待倾注在信陵君及其门客身上——身处高位者礼贤下士，受礼遇者“为知己者死”，彼此都能为国家大事舍身忘己。

叁叁

当断不断，反受其乱

——评春申君遭遇

太史公曰：吾适楚，观春申君故城，宫室盛矣哉！初，春申君之说秦昭王，及出身遣楚太子归，何其智之明也！后制于李园①，旄矣。语曰："当断不断，反受其乱。"春申君失朱英②之谓邪？

卷七十八·春申君列传

【注释】

① 李园：战国时赵国人，为楚春申君黄歇舍人。后刺杀春申君，尽灭其家。

② 朱英：战国观津人（今河北武邑东），春申君门客。

【译文】太史公说：我到楚国，看到了春申君的故城，宫室的建筑确实华美盛大！当初，春申君游说秦昭王，并为主献身派人把楚太子送回国，这是多么明智的举措啊！后来反而受制于李园，又是多么糊涂啊。俗语说："当断不断，反受其乱。"说的不就是春申君不采信朱英谏言的事情吗？

【讲评】本篇的传主是战国四公子之一的春申君黄歇。黄歇，楚国人，在楚顷襄王时任事，颇有才干。

春申君早年出外游学，知识渊博，长于辩论。秦国在华阳大败韩、魏两国，正准备与韩、魏一起攻打楚国时，楚王急派春申君出使秦国。与此同时，秦军主将白起已夺取楚国的巫郡和黔中郡，直逼竟陵。春申君黄歇担心秦国举兵灭了楚国，上书秦昭王，力谏攻打楚国乃不智之举。

黄歇谏言道，秦国和楚国是当世最强盛的两个国家，两强相斗，必然会有他国渔翁得利。如今，秦国还想与韩、魏两国一起攻打楚国，韩、魏两国虽然表面上臣服于秦国，但他们与秦国都有累世的仇怨，怎知不会中途倒戈。更何况，秦国最终想要吞并的是东边的齐国，一旦秦、楚交战，齐国和其他国家趁火打劫，秦王能保证不被打败吗？眼下秦国不如和楚国结盟，先对付韩、魏两国，然后可威逼燕、赵、齐、楚四国，届时可横扫六国。秦王看了春申君的上书后大喜，下令白起停止出兵，派使臣以厚礼出使楚国，并与之结盟。

按照当时惯例，楚君应将太子送到秦国做人质，黄歇陪同太子一起前往秦国。二人被秦国扣押数年后，楚顷襄王病重，楚太子被秦王扣押无法回国承继大统。此时，又是黄歇左右奔走，促成太子回国。他先向秦国宰相范雎进言，分析道：“如果太子留在咸阳，只是一个普通百姓，但若是回到楚国，做了楚王，他必然与秦国交好。这才是秦国利益的最大化。”秦王将信将疑，准备让太子的师傅探望楚王病况，然后再做打算。此时，黄歇当机立断，要太子立刻乔装出城回国，赶在阳文君的儿子之前继承大统，自己留在秦国应对秦国君臣。太子成功继位，是为楚考烈王，春申君因此受封。

从楚顷襄王到考烈王，楚国由危转安，春申君的无碍辩才和非凡胆识起到了重要作用，这也是春申君一生的高光时刻。

但在这之后，春申君却犯起了糊涂。他先是和赵国平原君的使者斗富，后在率领六国联军与秦国的交战中不幸战败。楚考烈王从此与春申君日渐疏远。

更为致命的是，春申君掺和楚考烈王子嗣之事，使奸人李园有机可乘。楚考烈王没有子嗣，春申君本想遍求易于生子的妇人，将其进献给楚王。赵人李园有意于此，但听说楚王无法生育，担心时间一久，进献给楚王的妹妹会失宠。于是，李园转而将其献给春申君。春申君宠幸后的女弟很快便怀有身孕。

春申君担心楚考烈王百年后，王位将由其他王族继承，影响到自己的政治地位，他听信了李园的建议，将怀有身孕的女弟进献给楚王。一旦将来诞下男孩，春申君的孩子可立为太子，地位自然无忧。

女弟生下一个男孩被立为太子，李园受到重用。李园害怕此事泄露，暗中收养亡命之徒，想杀人灭口。门客朱英提醒春申君："如今您有望在楚王去世后成为实际执掌楚国政权的第一人，但李园暗地里早已将您作为仇敌，豢养死士多日，只等楚王一死，就将您灭口。为今之计，不如让我担任楚王的近侍郎中，一旦楚王去世，我就替您把李园杀了。"春申君听后却不以为然，认为李园只是个懦弱之人，不必放在心上。结果，楚考烈王一死，李园先行入宫，埋伏死士于棘门内，春申君一入宫门，便被刺杀，其家人也被斩尽杀绝。

早年的春申君智勇双全、大义凛然、为国尽忠，后来受不住富贵尊荣的诱惑，又识人不淑、当断不断，最终落得个身死族灭的下场。可谓是"靡不有初，鲜克有终"。

叁肆

长袖善舞，多钱善贾

——评范睢、蔡泽得势

太史公曰：韩子称“长袖善舞，多钱善贾”①，信哉是言也！范睢、蔡泽世所谓一切辩士，然游说诸侯至白首无所遇者，非计策之拙，所为说力少也。及二人羁旅入秦，继踵取卿相②，垂功于天下者，固强弱之势异也。然士亦有偶合，贤者多如此二子，不得尽意，岂可胜道哉！然二子不困厄，恶能激乎？

卷七十九·范睢蔡泽列传

【注释】

① 长袖善舞，多钱善贾：语出《韩非子·五蠹》。本

意指衣袖长易于舞蹈，本钱多好做生意，比喻具备充分条件，事情就好办。

② 卿相：春秋战国时对执政大臣的别称。

【译文】太史公说：韩非子说“袖子长有利于起舞，钱多有利于做生意”，这话说得真对啊！范雎和蔡泽这两个人是辩士中的佼佼者，有些辩士游说诸侯直到白头也没有机会谋到官职，不是计策本身拙劣，而是说服人主的口才不够。至于这两位旅居秦国，又官至卿相，名垂天下，固然有国势强弱不同的缘故，但士人也有遇与不遇的命运。这世上像范雎和蔡泽一样贤能的人有很多，但绝大多数都没有施展抱负的机会。然而，这两人要是没有遭遇困厄，又怎能激发出奋发向上的志气呢？

【讲评】本篇记述的是秦国两位宰相范雎和蔡泽。二人皆能言善辩，虽早年皆不得志，但通过各种手段，最终都官拜卿相。

范雎本是魏国人，起初替魏国中大夫须贾做事。有一次范雎跟随须贾出使齐国，齐襄王听说范雎能言善辩，就送了他些金子和牛酒。须贾得知后，以为范雎和齐国有私通，大为不满，向魏相公子齐告发他。魏齐听后，怒不可遏，对范雎施以重罚，不但令门人打断了他的肋骨和牙齿，还在宴客时纵容喝醉酒的宾客朝他身上撒尿，故意羞辱他，以示惩戒。范雎被裹在草席里，佯装死去，偷偷请求看守的人放他走，并表示日后一定重谢。看守的人请求魏齐把席子里的范雎扔掉，魏齐醉醺醺地答应了。范雎后投靠魏人郑安平，并改名为张禄。

范雎死里逃生，西进入秦，位至宰相，得益于救命恩人郑安平。秦昭王有一次派使臣王稽出使魏国，王稽向郑安平询问魏国贤士是否有愿为秦国做事的，郑安平向他推荐了范雎。范雎随王稽入秦。此时，秦昭王在短短数年间南夺楚国鄢、郢重镇，东破齐国，几次围攻三晋之地，势头正劲，不会重视一个说客。秦国掌权者穰侯魏冉也向来不喜说客之流。范雎入秦一年有余，未能见到秦王。

为此，范雎心生一计。他先是上书秦王，称自己有经国谋略，希望能拜见秦王一次，如果无效，甘愿受死。秦王见信，派专车去接范雎。在进宫的路上，范雎故意与宦官争吵，称秦国根本没有大王，只有太后和穰侯。这番争吵声引起了秦昭王的注意。秦昭王喝退左右，单独向范雎请教。

范雎先是称赞秦国地势险要，兵甲众多，百姓愿意为国而战，这是建立霸业的基础。但话锋一转，称秦国的臣子们并不称职，尤其是舅舅穰侯不肯竭尽忠心，因此依然有所失策。范雎称，穰侯提出的“远攻近交”，即越过近邻韩、魏两国，攻打东边的齐国，非常不明智。如果出兵少，则不能伤到齐国；如果大举出兵，又会损害秦国的国力。前有齐滑王南攻楚国大败的先例，如今秦国重蹈覆辙，只会使韩、魏两国得利。范雎提出“远交近攻”，即先拿下近邻韩国和魏国，以此威胁楚、赵两国。如果楚国强大，那就亲近赵国；如果赵国强大，那就亲近楚国；如果赵、楚两国都依附秦国，即可吞并齐国。秦王依范雎所言，夺取了魏国的怀邑和邢丘。范雎也因此在短短几年间就受到秦王重用。

日益受宠的范雎在一次闲暇议事中提到了最为核心的权力问题。范雎说道，如今大家一提起齐国，只会想到孟尝君田文，而不记得齐王，一谈起秦国，也只会说到太后、穰侯、华阳君和泾阳君等人，却从不提及秦王。君王大权旁落，穰侯借着大王的权威发号施令，打了胜仗，好处归为自己；一旦战败，就把责任甩给国家。大王您的下场就和齐庄公与赵武灵王一样，被崔杼、淖齿和李兑等权臣架空并杀害。秦昭王如梦初醒，收了穰侯的相印，发现穰侯的家财甚至比自己还多，于是越发信任范雎，并把应城封给他，号为应侯。

范雎一饭之德必偿，睚眦之怨必报。他先是保荐恩人郑安平为将军，又建议秦王封王稽为河东郡守，还散了家财，报答那些曾经给予过他恩惠的人。同时，他驱逐出使秦国的须贾，并逼死了魏齐。但后来攻打赵国时，范雎先是害死了一代名将白起（事见《白起王翦列传》），他推荐的郑安平又不幸被赵军包围，投降赵国。尽管秦昭王一再宽慰范雎，但范雎自知难逃知人不明的罪过，在推荐蔡泽后，便辞归封地，不久病死。

本传中的另一位人物蔡泽，燕国人，和范雎一样曾遍求诸侯而不得志。听说范雎正为举荐郑安平不力一事而苦恼时，便西行入秦，求见范雎。蔡泽的招数和范雎一样，先是扬言要取代范雎，成为秦国丞相，以此吸引范雎的注意。见到范雎后，蔡泽劝道，一个人最理想的结局就是保全性命，然后才是功成名就。如今论尽忠职守、建立功业，你比不上商鞅、吴起和文种；论对臣子的亲近，昭王也比不上秦孝公和楚悼王等人，但你的财富却远超上述三位功臣。如今秦国成功在即，先生的功绩也已到了顶点，此时正是君主收拢权力的时候，功高盖主的大臣一定不会有好结局，你看看文种的下场就知道了。还不如像范蠡一样，远离政治，做个逍遥自在的陶朱公，还能博得让贤的美名。范雎听信了蔡泽的建议，主动让位于他。蔡泽尽管只做了几个月的秦相，但历侍昭王、孝文王、庄襄王和始皇帝，帮助秦国东进灭了周王室，还出使燕国，使燕太子丹入秦为质。

从司马迁的评论看，尽管他对权宜辩士素无好感，但对二人说服人主的口才以及在困厄中奋发有为亦给予肯定，这也是本篇着力描写的内容。

叁伍

知死必勇，非死者难也，处死者难

——评廉颇、蔺相如、赵奢、李牧

太史公曰：知死必勇，非死者难也，处死者难。方蔺相如引璧[①]睨柱，及叱秦王左右，势不过诛，然士或怯懦而不敢发。相如一奋其气，威信敌国，退而让颇，名重太山[②]，其处智勇，可谓兼之矣！

卷八十一·廉颇蔺相如列传

【注释】

① 璧：即和氏璧。春秋时楚国人和氏在山中得到一块玉璞，先后献给厉王、武王，都认为是石头，而遭刖足之刑。至文王时，和氏抱璞而泣三日三夜，文王令人将璞剖开，而得宝玉，遂将此玉命名为和氏之璧。

② 太山：即泰山。

【译文】太史公说：只有对死亡有清醒认识的人才能表现得非常勇敢，这并不意味着死有多么困难，而是从容面对死亡是件难事。当蔺相如举起和氏璧瞄着大殿内的柱子准备“宁为玉碎不为瓦全”，并呵斥秦王身边大臣的时候，最多不过一死，但士人只要心里有一点怯懦的话就不敢这么做。蔺相如一鼓作气，震慑敌国，回国后又处处礼让廉颇，他的名望重于泰山，可以说是智勇兼具啊！

【讲评】本篇虽名为《廉颇蔺相如列传》，但实际上是廉颇、蔺相如、赵奢和李牧四人的合传。廉蔺赵李四人皆是赵国的良将与贤相，司马迁在此一并述之，也是为了集中体现他们为赵国所建立的卓越功勋。当然，重点还是在廉颇和蔺相如二人身上。著名的“完璧归赵”“渑池之会”“负荆请罪”和“将相和”等故事都与廉、蔺二人有关。

廉颇是赵国大将，赵惠文王十六年时，因大败齐军夺取阳晋城而被拜为上卿，名动诸侯；蔺相如则是赵国宦官头领缪贤的门客，一介书生而已。

彼时秦国强盛，秦昭王假意要用十五座城池交换赵惠文王手上的和氏璧，此举对于赵国来说实在是骑虎难下。赵王明知秦王虚心假意，但若不给，理亏在赵，秦国便可借口出兵赵国，以赵国国力一定抵挡不住秦军攻势。这时，缪贤推荐蔺相如出使秦国以解赵王之困；蔺相如也承诺一定以和氏璧换来秦国十五座城池，不然，则完璧归赵。

到了秦国后，蔺相如按照礼节献上和氏璧。面对秦王的虚情假意，蔺相如一面假称璧有微瑕，从秦王手上重新拿回和氏璧，一面严辞正色，要求秦王信守诺言先交出十五座城池。蔺相如手持玉璧，欲砸向殿内柱子，做出“宁为玉碎不为瓦全”的姿态。秦王无奈，只好指着地图上的十五座城池，假装要送给赵国。蔺相如心知这绝无可能，于是又使一招缓兵之计，称赵王为表达对秦国的尊重，斋戒五日后，才派人出使秦国，秦王理应也斋戒五日以示隆重。秦王自知理亏，只好照做。蔺相如趁机偷偷让人将玉璧带回赵国。秦王斋戒五日后，蔺相如却称，秦国自穆公以来不曾信守盟约，自己担心被秦王所骗，已让使者把和氏璧送回赵国。如今以秦国的势力，只需派一个使者去赵国，赵王便派人把玉璧双手奉上，如果秦王真愿意用十五座城池交换赵王手上的和氏璧，赵国又怎敢欺骗秦王呢?秦王虽知蔺相如使计骗了自己，但事已至此，只好顺水推舟，礼送蔺相如出境。如此，尚不破坏秦赵两国的交谊。蔺相如也因此完成使命，回国后被拜为上大夫。

后来的渑池之会再一次证明了蔺相如有勇有谋。完璧归赵一事不久后，秦赵两国交战，秦国攻占了石城，杀死了赵军两万人。两国约定在渑池会盟讲和。秦王仗着国力强盛，会盟时要求赵王为自己弹瑟，并令史官记录下来，以此来羞辱赵王。此时又是蔺相如上前请求秦王为赵王击缻。见秦王不乐意，蔺相如又上前一步，捧缻相请，并称五步之内便可血溅秦王，以此相威胁。秦王不得已只好敲了一下缻，蔺相如赶紧召请赵国史官记录。双方来来回回，秦国群臣要求赵国献十五座城为秦王祝寿，蔺相如要求秦国献上咸阳城为赵王祝寿。直到会盟结束，秦国都未能占到上风，赵王也没有受到羞辱。

这两件事后，蔺相如被拜为上卿，地位比廉颇还要高一些。这对于一位久经沙场的老将来说难以接受。于是，廉颇便找各种机会羞辱蔺相如。蔺相如不以为意，总是避其锋芒。门客对此不解，蔺相如解释道，秦国正是因为知道赵国有廉、蔺二人，所以一直不敢对赵国轻举妄动。如果将相不和，赵国很快就会被秦所灭。廉颇知道后，深感愧疚，负荆请罪。二人从此成为刎颈之交，将相和而国家兴。

赵奢和李牧也是赵国两位著名将领。赵奢最光辉的事迹是解救阏与之困，他的儿子是那位纸上谈兵的赵括。李牧是负责镇守赵国北部边境的良将，长年驻扎在代、雁门郡一带，抵御匈奴入侵。然而，就是这样一位十分重要的将领，赵王迁七年，秦赵交战时，秦国买通赵王宠臣郭开，用反间计进谗言说李牧与司马尚图谋反。赵王听信后，杀了李牧，自毁长城。三个月后，赵国灭亡。

司马迁对文中四人极为欣赏，尤其赞赏蔺相如以一己之力对抗秦国的智慧与勇气，以及以大局为重、礼让廉颇的高尚品格。

叁陆

兵以正合，以奇胜

——评田单存齐

太史公曰：兵以正合，以奇胜[①]。善之者，出奇无穷。奇正还相生，如环之无端。夫始如处女，适人开户；后如脱兔，适不及距[②]：其田单之谓邪！

卷八十二·田单列传

【注释】

① 兵以正合，以奇胜：语出《孙子·兵势》，指军队作战时，将领要正确地使用兵力，灵活地变换战术。

② 始如处女，适人开户；后如脱兔，适不及距：语出《孙子·九地》，比喻军队未行动时就像未出嫁的女子那样沉静，一行动就像逃脱的兔子那样敏捷。

【译文】太史公说：作战以正面交锋，再辅以权诈，才能最终获胜。善于用兵的人，奇招妙计变化无穷。奇正两种战术互相配合运用，好像圆环一样没有起止，令人捉摸不透。一开始用兵的时候，像少女一般柔弱文静，使敌人放松警惕，大开门户；接着时机一到，就像逃脱的兔子一样迅疾敏捷，使敌人来不及阻挡。这说的正是田单的用兵之道啊！

【讲评】本篇可与《乐毅列传》并读，传主田单在燕齐之战中与乐毅交手，收复齐国七十余城，一举成名。

田单本是齐国田氏王族的远房亲属，齐湣王在位时，他仅在首都临淄当市掾，负责一些市场行政工作，并未受到重用。燕齐之战发生后，乐毅率燕军长驱直入，攻陷齐国七十余座城池，齐湣王弃城逃跑，退守莒城。此时，田单第一次展现出军事远见和指挥才能。在逃到安平后，他让族人把露在车轮外头的车轴截断，再在外面包上铁皮。燕军破城而入后，城里人争相逃难导致车轴互相冲撞而轴断车毁，被燕军俘虏。只有田单的族人，因车轴短又有铁皮保护，得以顺利逃脱。田单因此被推举为将军，凭借即墨城全力抵挡燕军的进攻。

田单上任后第一件事是使反间计除掉了乐毅。乐毅与新继位的燕惠王有嫌隙，田单派人散播谣言，称乐毅之所以剩下两座城没打下来，是想自己将来称王。燕王听信谣言，派骑劫接替了乐毅。成功除掉乐毅后，田单散播谣言称齐军害怕燕军把齐国士兵的鼻子都割掉，这样齐人就会不战自溃。燕人又一次听信了田单的谣言，把齐国已投降的士兵的鼻子全部割下来，又把齐人的坟墓全部刨开，焚毁尸骨。齐人得知这些消息后，悲愤异常，决心与燕军决一死战。

田单觉得时机成熟，于是假意派人给燕国将军送去黄金千镒，称要投降。同时，田单又收聚了一千多头牛，在牛角上绑上尖刀，在牛尾处捆上灌满油脂的芦苇束。在一个黑夜，点燃芦苇，烧痛了的火牛愤怒地冲向燕军军营，齐国人随着火牛阵把燕军杀得片甲不留。没过多久，被燕国占领的齐国七十余座城池又被田单全部收回。田单迎接齐襄王回都主持国政，被齐王封为安平君。

司马迁对田单卓越的军事才能表达了由衷赞赏。尤其是即墨之战，通过对田单一步步谋划的细致描写，展现了一场极其精彩的军民协力的战争。孙子所谓"兵以正合，以奇胜"的道理在这场战争中尽显无遗。田单集结齐国君民正面反击燕军，是"以正合"，而以火牛阵作为额外的军事力量冲破燕军则是"以奇胜"。一奇一正，是为用兵之道。

叁柒

同生死，轻去就

——评屈原、贾谊遭遇

太史公曰：余读《离骚》[①]《天问》[②]《招魂》[③]《哀郢》[④]悲其志。适长沙，观屈原所自沉渊，未尝不垂涕，想见其为人。及见贾生吊之，又怪屈原以彼其材，游诸侯，何国不容？而自令若是。读《鹏鸟赋》[⑤]，同死生，轻去就，又爽然自失矣。

卷八十四·屈原贾生列传

【注释】

①《离骚》:《楚辞》篇名，战国屈原作。全篇三百七十三句，近二千五百字，是中国古代最长的抒情诗。前半篇回溯以往历史，叙述自己的家世、品质、修养、抱负以及政

治上的遭遇；后半篇是对未来道路的探索，决心以死来殉自己的理想。《离骚》与《诗经》并称为中国文学的渊源，对后世文学与知识分子的人格精神产生了深远影响。

②《天问》:《楚辞》篇名，战国屈原撰。作者受谗被楚怀王放逐，彷徨山泽，观楚国神庙有感而赋。以质疑形式，对“天”发问，故名。

③《招魂》:《楚辞》篇名，多从司马迁说，认为是屈原所作。内容为借巫阳口气告诫灵魂，说天地四方如何可怕，回到故乡可安享富贵。

④《哀郢》:《楚辞·九章》篇名，战国屈原作。诗人以悲愤的心情，抒发对郢都的眷恋，表现了对祖国危亡的关怀和对人民苦难的同情，以及对自己遭谗被逐的愤懑。

⑤《鹏鸟赋》：辞赋名篇，又题作《鹏赋》，西汉贾谊作。贾谊为长沙王太傅三年，有鹏鸟飞来，落在坐隅。鹏鸟为预示不祥之恶鸟。贾谊以为寿不得长，作此赋以自宽。全文以作者与鹏鸟的对话展开叙写，就祸福、贵贱、名利、荣辱、去就、生死、忧喜等一系列问题，表述了自己的感慨。

【译文】太史公说：我读《离骚》《天问》《招魂》《哀郢》，悲痛于屈原的心志。当我到了长沙，看到屈原投江自沉的地方，不禁落泪，也因此更加怀念他的为人。等到读了贾谊吊念屈原的文章后，又怪屈原以他那样的才能，如果游说诸侯，哪个国家会不要他呢？最终却落个沉江自杀的地步。我读《鹏鸟赋》，看到文中把生和死等量齐观，对生命的去留看得云淡风轻，心中不禁爽然开阔，竟抛开自己的苦恼了。

【讲评】本篇是屈原和贾谊两个不同时代人物的合传。之所以将年代相隔殊远的屈原与贾谊合写，主要是因为二者怀才不遇的经历有诸多相似之处，这也与司马迁本人的心态暗合。

屈原，名平，和楚国王室同姓一族。楚怀王时，屈原担任左徒一职，在朝中和楚王商议国家大事，对外负责接待各国使者，深受楚怀王信任。然而，上官大夫嫉妒屈原，在楚王面前诋毁屈原，说他自负才能，藐视楚王。楚王听信谗言，从此疏远了屈原。

屈原性格中清高的一面使他在被人误解时，不像李斯和邹阳那样为自己辩白，而是写作《离骚》以明心迹。秦昭王以结姻亲为名，将楚怀王骗至秦国并软禁起来，导致楚怀王客死秦国。面对继位的楚顷襄王和令尹子兰，屈原愤怒于二人建议楚怀王入秦，贻误国事，遂又写文章怀念楚怀王，感慨国无贤臣，希望能振兴国家。令尹子兰闻言，大为愤怒，又叫上官大夫在楚顷襄王面前说屈原的坏话。楚顷襄王一气之下，决定放逐屈原。

屈原披头散发来到江边，有位渔夫见状，便问道："这不是三闾大夫屈原吗？为何来到此地？"面对渔夫的询问，屈原以"举世皆浊我独清，世人皆醉我独醒"答之。渔夫劝其不要固执己见，处世圆融一些以因应风气转移。既然世人皆醉，不妨自己也随波逐流，为何一定要守身如玉，最终招致被贬的厄运呢？屈原不为所动，怀抱着自己高洁的操行投汨罗江自沉。几十年后，楚国被秦国所灭。

屈原沉江百年后，汉初的贾谊担任长沙王太傅时，经过湘水，写作《吊屈原赋》来怀念屈原。贾谊是洛阳人，少有才名。汉文帝对其才学见识都颇为赏识，一年内越级提拔其为太中大夫。贾谊主张应一改秦朝旧制，改历法、变服色、定官名等。汉文帝也采纳了包括改订律法和诸侯赴任封国的主张，并希望拔擢贾谊为公卿。贾谊的这些主张在今天看来已是寻常，但在汉初推崇黄老之学的政治氛围下，却被认为是生事行法之举，是万万不能被接受的。如此，作为政治后辈的贾谊在政治观念上与绛侯周勃、灌婴等开国元老之间产生了剧烈冲突，二者也因此产生了不可调和的权力矛盾。司马迁对此的记载是"绛（侯）、灌（婴）、东阳侯（张相如）、冯敬之属尽害之"。此时汉文帝即位不久，依靠周勃等元老重臣的拥护而即位，出于巩固地位的考虑，最终决定不再采纳贾谊的意见，并打发他去做长沙王的太傅。彼时的长沙低湿偏远，贾谊自觉命不久矣，又遭贬官，心里非常郁闷，写下了《吊屈原赋》和《鹏鸟赋》二文。几年后，贾谊虽被汉文帝召回京城，可询问的已不再是国家大事，而是鬼神之事。汉文帝不再将贾谊视作朝廷社稷之臣，而只是一个聊天的乐子。后人李商隐有诗言："可怜夜半虚前席，不问苍生问鬼神"，说的就是贾谊的遭遇。几年后，梁怀王骑马时不慎坠马而死，贾谊伤心愧疚，一年后也去世了。后世有人评价贾谊过于清高而不能受一时之委屈，一旦受挫，便感慨怀才不遇。苏轼称其"志大而量小，才有余而识不足"。

司马迁在描述屈原和贾谊时，突出了二者共同的特点：才华横溢，但都未能善终。事实上，在司马迁写作本篇之前，屈原作为文人骚客形象已为时人所记。但在司马迁看来，屈原远不止于此，他将屈原的悲愤自杀视作是对黑暗政治的绝望反抗。因此司马迁说："信而见疑，忠而被谤，能无怨乎？"

叁捌

所谓“闻”者，其吕子乎？

——评吕不韦投机

太史公曰：不韦及嫪毐[①]贵，封号文信侯。人之告嫪毐，嫪毐闻之。秦王验左右，未发。上之雍郊，嫪毐恐祸起，乃与党谋，矫太后玺发卒以反蕲年宫[②]。发吏攻嫪毐，嫪毐败亡走，追斩之好畤[③]，遂灭其宗。而吕不韦由此绌矣。孔子之所谓“闻”者，其吕子乎？

卷八十五 · 吕不韦列传

【注释】

① 嫪毐：战国末赵国邯郸人（今属河北）。初为吕不韦食客，后入宫为宦者侍太后，深得宠幸，权势极大，为人告发实非宦者，与太后私通。恐祸起，发兵叛乱，兵败

被杀。

② 蕲年宫:《汉书·地理志》作“祈年宫”。战国秦惠公（一说穆公）建，在今陕西凤翔县南。

③ 好畤：县邑名，在今陕西省乾县东。

【译文】太史公说：吕不韦和嫪毐显贵时，吕氏被封为文信侯。有人告发嫪毐，嫪毐也听说了。秦王向左右近臣验问此事，但未把此事揭露出来。秦王到雍地去祭祀，嫪毐害怕引起灾祸，于是与他的同党密谋，伪造太后的印玺发兵在蕲年宫造反。秦王发动军队攻打嫪毐，嫪毐战败逃走，在好畤这个地方被斩杀，他的宗族被诛灭。吕不韦也因此被贬黜。孔子所谓只有虚名，而没有实际才德的“名人”，说的就是吕不韦吧？

【讲评】本篇讲述的是秦国著名商人兼政治家吕不韦。吕不韦本是阳翟的商人，通过倒买倒卖的方式积累了万贯家财。作为一个商人，吕不韦的投机毫无疑问是成功的。他也想将这种投机带入政治中，以获取更大的利益。

秦昭王四十二年，秦昭王立安国君为太子。安国君的宠妃华阳夫人一直没有儿子。安国君排在中间的儿子子楚被派去赵国做人质，赵国对子楚不是很礼遇。精明的吕不韦从中嗅到了商机，他认为子楚奇货可居，一见子楚便和他促膝长谈。吕不韦构想，通过一系列的运作将子楚带回秦国，侍奉安国君及华阳夫人，然后继承王位。如此，自己也可凭借拥立子楚有功而享荣华富贵。子楚喜出望外，当下叩头承诺，如果将来继承王位，便和吕不韦共享秦国土地。

吕不韦遂开始其政治运作。他先是送给子楚千金让他结交各种人士，博取广结善缘的政治美名，然后，吕不韦又去拜见华阳夫人的姐姐，通过华阳夫人的姐姐向华阳夫人进献了大量珍宝。曾受过子楚好处的诸侯宾客不断在华阳夫人面前夸赞子楚贤明，华阳夫人因此对子楚产生了兴趣。吕不韦借机让华阳夫人的姐姐进言，称倘若华阳夫人想要永保富贵，必须有自己的后代，不然美人迟暮，迟早会被冷落的。如今子楚自愿依附华阳夫人，如果将来他即位，那夫人的荣华富贵足可保证。这一番话说到了华阳夫人的痛处。没过多久，华阳夫人与安国君决定立子楚为嫡嗣，又送了很多财物给子楚，并请吕不韦辅佐他。子楚与吕不韦的关系也因此更加紧密。

除了帮助子楚上位，吕不韦对子楚的其他需求也是有求必应。子楚曾在一次酒宴上相中了吕不韦一位能歌善舞的姬妾，但这位赵姬此时已怀有吕不韦的子嗣。尽管如此，吕不韦依然割爱，隐瞒了赵姬怀有身孕一事，将其献给子楚。到了生产之时，诞下一子，名政，也就是后来的秦始皇嬴政。

秦昭王非常长寿，在位五十六年。但安国君继位一年就去世了。子楚顺理成章地继位，吕不韦被拜为丞相，封文信侯。可惜，子楚在位三年后去世，太子嬴政继位，尊奉吕不韦为“仲父”。此时的吕不韦达到了权力的巅峰。

随着嬴政亲政，他与吕不韦之间君相权力的矛盾逐渐浮现。为了确保自己地位不失，吕不韦向太后赵姬进献男宠嫪毐以讨好太后，试图与太后结成权力同盟。但吕不韦的如意算盘却因嫪毐之乱被打破，最终被迫服毒自杀。

吕不韦虽善于投机逐利，但洞悉世事人情。吕不韦任相期间，恰是秦国对外扩张、吞并六国之际，吕不韦对秦国的功劳不在商鞅、张仪和李斯等人之下。其所编《吕氏春秋》包括儒、墨、法、道、阴阳、农、兵等各家之说，可谓集当时学术之大成。就连司马迁本人在《太史公自序》中也承认，吕不韦“使诸侯之士斐然争入事秦”。至于吕不韦进赵姬一事，经后世学者如钱穆等人考证，当为后人附会。司马迁对吕不韦的投机行为嗤之以鼻，因此在本篇中着重讲述其如何投机运作，同时以《论语》中孔子的一句“色取仁而行违”讽刺吕不韦表面主张仁德实际却背道而驰，对其有功于秦国的部分则只字未提。

叁玖

不务明政，阿顺苟合

——评李斯身败

太史公曰：李斯以闾阎[①]历诸侯，入事秦，因瑕衅以辅始皇，卒成帝业，斯为三公[②]，可谓尊用矣。斯知六艺之归，不务明政以补主上之缺，持爵禄之重，阿顺苟合，严威酷刑，听高邪说，废适立庶。诸侯已畔，斯乃欲谏争，不亦末乎！人皆以斯极忠而被五刑[③]死，察其本，乃与俗议之异。不然，斯之功且与周[④]、召[⑤]列矣。

卷八十七・李斯列传

【注释】

① 闾阎：城乡、乡里。闾，里门；阎，里中的门，借

指平民。

② 三公：官名合称，周代已有此称，为最高辅政大臣。一说指太师、太傅、太保；一说指司徒、司马、司空。战国至秦习惯用于称辅佐君主执掌军政之最高官员。西汉初沿用以称丞相、太尉、御史大夫等最高官员。

③ 五刑：古代五种刑罚之总称。秦以前或以墨、劓、刖、宫、大辟为五刑，或以甲兵、斧钺、刀锯、钻窄、鞭扑为五刑；汉初有黥、劓、斩趾、断舌、枭五刑；唐律列笞、杖、徒、流、死五刑，明清律因之。

④ 周：即周公，西周初人，姬姓，名旦。周武王弟，与吕尚同为西周开国元勋。

⑤ 召：即召公，西周初人，姬姓，名奭，周文王庶子。佐武王灭商。

【译文】太史公说：李斯出身布衣，游说各诸侯国，入秦为官，不失时机地辅佐秦始皇成就帝业，位居三公，可以说是尊贵至极了。李斯知道儒家六经的宗旨，却不力求修明政治来弥补秦始皇的过失，享受高官厚禄却阿谀奉承，实行严刑峻法又听从了赵高的邪说，废掉了嫡长子扶苏，改立庶子胡亥。各地诸侯都已叛变，才想起来要进谏，不是太晚了吗？！一般人都认为李斯为秦国尽忠至极却受五刑而死，为他感到委屈。但仔细考察事情的真相，才知道情况不像众人所说那样。不然，李斯的功劳就要和周公、召公并列了。

【讲评】本篇是秦国丞相李斯的传记。李斯从一介布衣成为秦国丞相再到身败，可谓一波三折。李斯一生有几件大事：谏阻逐客、制定秦制和扶胡亥上位。这三件事不但影响了李斯的前途命运，也影响了秦国的兴衰。

李斯本是楚国上蔡人，年轻时曾在郡里担任小吏。有一次，李斯见到厕所中的老鼠在吃秽物，见到有人或狗走近，就惊恐而逃。李斯走进粮仓时，他却看到粮仓里的老鼠吃着囤积的粮食，悠闲自在，全然不似厕所中的老鼠那般惊惧万分。李斯不禁感慨个人的贤能与否就和老鼠一样，全看处在什么样的环境里。

或许正是这次经历促使李斯开始考虑自己的出路。李斯早年从荀子学习帝王之道。学成之后，李斯仔细分析了形势，认为六国已不再有希望，于是起身西进，做了秦国丞相文信侯吕不韦的门客。

吕不韦很欣赏李斯的才干，任命他为郎官，李斯得以有机会向秦王嬴政建言。李斯为嬴政分析道："成大功者必须在有机可乘的时候下决心有所作为。秦国对六国的征伐已有六世，如今更应趁国力强盛，统一六国。不然，等到六国实力恢复，彼此合纵，即便大王您有黄帝的贤能也无法吞并它们了。”李斯一番话正合秦王政的心意，被任命为长史，不久又被拜为客卿。

当时六国见秦国强大，想暗中削弱秦国的实力。于是，韩国派了一位名叫郑国的水利专家来秦国做间谍，名义上是教秦国百姓开凿河渠以利农事，但背后是为了消耗秦国的人力、物力和财力以延缓秦国的东征。韩国的这一阴谋被发现后，秦国上下，尤其是宗室大臣们纷纷向秦王建议驱逐在秦国做官的六国人士。李斯作为楚国人，又位至客卿，自然也在此列。

不甘被驱逐的李斯向秦王上书，分析客卿对秦国的重要性。李斯强调，秦国之所以能从一个地处西陲的边境小国一跃成为七国之首，恰恰是因为接纳了来自各国的贤能之士。从穆公时期的西戎由余、楚人百里奚、宋人蹇叔、晋人丕豹和公孙支，到孝公时期的卫人商鞅，再到惠王时期的魏人张仪和昭王时期的魏人范雎，正是依靠这些来自六国的贤士才成就了今天秦国的霸业基础。从秦国发展的历史来看，客卿不但没有任何对不起秦国的地方，反而是秦国强大的重要基础。现在秦王对昆山的玉石、随侯的明珠和卞和的宝玉这些非秦国生产的宝物爱不释手，却对有功于秦国的六国人士赶尽杀绝，这只能说明秦王独爱色乐珠玉，轻视人才。李斯劝谏秦王，一国想要强大必须有海纳百川的胸怀，敢于容纳来自各国的民众，这是三皇五帝能够无敌于天下的原因。不然，像现在这样抛弃人民、排斥宾客的作法，只会让各国的有识之士再不敢踏入秦国半步，最终受损的还是秦国自身。这就是著名的《谏逐客书》。秦王嬴政听从了李斯的建议并提拔他做廷尉。在李斯的辅佐下，嬴政一统天下，建立秦朝。

秦朝建立后，秦始皇对李斯更加信任。秦始皇三十四年，李斯批驳了博士仆射周青臣等人的分封主张，力主实施中央集权的法令制度。此外，我们今天熟知的焚书、统一文字、南征闽越、北逐匈奴等事，都是李斯在任秦朝丞相时帮助秦始皇完成的。此时的李斯声望达到顶峰，不但自己官至丞相，其长子李由官拜三川郡郡守，其余诸子也都与王室联姻，往来于李斯家的文武百官络绎不绝，可谓是一人之下万人之上。

李斯命运的转折点发生在秦始皇死后继承人问题上。秦始皇三十七年，始皇巡行天下，因长子扶苏不讨始皇喜欢，被派去上郡监兵，次子胡亥得以随侍始皇出游。七月，始皇行至沙丘，病重，叫宦官赵高写下遗嘱，令扶苏赶紧返回咸阳，主持葬礼。遗诏还未发出，始皇便去世了。此时，遗诏和玉玺皆在中车府令赵高处，除了次子胡亥、丞相李斯、赵高以及始皇身边的五六个宦官外，群臣尚不知始皇已经驾崩。正是在这种情况下，赵高开始了游说活动。

赵高首先为胡亥分析了局势，此时如果按照始皇遗诏立扶苏为帝，那么胡亥将一无所得。接着，赵高诱惑胡亥，制人和受制于人，境遇可谓天壤之别。如今事出突然，只有数人知道此事，天下大权就掌握在胡亥、丞相李斯和自己手上，为什么不考虑即位呢？为了消除胡亥对篡位的忧虑，赵高又为其开脱，称商汤和周武王也杀了各自的君主，但天下人都称赞他们仁义。成大事者不应拘小节，应当机立断啊！胡亥被赵高说服了，唯一担忧的是丞相李斯的态度。赵高紧接着又去游说李斯。

李斯原本是遵守传统的嫡长子继承制，主张立扶苏为帝。然而，赵高却不断提醒他与大将军蒙恬的竞争关系。赵高一连问了李斯五个问题："你觉得你的才能和蒙恬比怎么样？你对国家的功劳是否比蒙恬高？你的深谋远虑是否比得了蒙恬？你和蒙恬谁更得天下人心？你和蒙恬谁与扶苏的关系更好？"这一下就戳中了李斯的痛处。李斯身为楚人，以客卿起家，这与蒙氏三代秦将的将门世家相比，根基显然不算深厚。再者，蒙恬本就与公子扶苏同气连枝，一旦扶苏即位，不管出于人情还是现实考量，扶苏必然依赖将门世家的蒙恬，李斯极有可能被罢免。更重要的是，赵高提醒李斯，从秦国的历史来看，但凡被罢免的丞相连回家享清福的机会都没有，无一例外都被诛戮而死。李斯在赵高全盘缜密计划的诱骗下，同意了赵高的阴谋。次子胡亥在赵高和李斯的扶持下即位，是为秦二世。公子扶苏和大将军蒙恬被迫双双自杀（事见《蒙恬列传》）。

即位后的秦二世倒行逆施，法令愈发严苛，横征暴敛从未停止。李斯一开始还像从前对秦始皇那样劝谏秦二世，但后来因长子李由平叛吴广等农民起义不力，李斯亦被二世派出的使者不断责问。怕死又贪恋富贵的李斯从此开始迎合二世的心思，公然上书支持二世严刑峻法，希望以此博得二世的欢心。作为二世心腹的赵高并不乐见李斯受宠，陷害李斯及其子谋反，将其腰斩于咸阳集市并夷灭三族。行刑前，李斯对其子说："我多想再和你一起牵着黄狗出上蔡东门捕捉狡兔啊！"说完父子相拥而泣。

司马迁站在儒家立场对李斯身败名裂的结局表达了自己的批评。他认为，李斯师从荀子，明晓儒家之道，却因为贪恋爵禄，一意逢迎二世，支持其横征暴敛，虽然李斯在各地叛变后也有进谏之举，但已然是舍本逐末，无济于事了。

司马迁在评论中提到，时人都认为李斯极忠却被腰斩，太过冤屈。随着近年来西汉《赵正书》竹简出土，《赵正书》中对李斯的描写确实是一个忠臣形象，可知司马迁所言非虚。甚至根据《赵正书》的描述，正是李斯出于国家稳定的考虑，冒死向秦始皇进谏，请立随行的公子胡亥为二世以断绝他人的非分之想。不然，扶苏从边疆赶回咸阳，路途遥远，这段时间极易发生动乱，对秦朝不利。这些内容都与《李斯列传》的描述大相径庭，也引起了史学界的热议。这里不讨论《赵正书》和《李斯列传》孰是孰非，但毋庸置疑的是，司马迁在写作此篇时是有自己的立场和思考的。

肆拾

阿意兴功，兄弟遇诛，不亦宜乎？
——评蒙氏之死

太史公曰：吾适北边，自直道[①]归，行观蒙恬所为秦筑长城亭障[②]，堑山堙谷，通直道，固轻百姓力矣。夫秦之初灭诸侯，天下之心未定，痍伤者未瘳，而恬为名将，不以此时强谏，振百姓之急，养老存孤，务修众庶之和，而阿意兴功，此其兄弟遇诛，不亦宜乎！何乃罪地脉哉？

卷八十八·蒙恬列传

【注释】

① 直道：秦始皇三十五年（前212）命大将蒙恬主持开筑之路。北起九原（今内蒙古包头市西北），南抵云阳甘泉宫（今陕西淳化县西北），是联结关中平原和河套地

区的主要通道。以道路较直，故名。

② 亭障：古代用以保卫边塞和疆土的堡垒。

【译文】太史公说：我到北方边地，从直道返回，路上看到蒙恬为秦国建造的长城亭障，截断山脉，填塞山谷，贯通直道，不把百姓的劳动当成一回事。秦国刚刚消灭诸侯，天下人心尚未安定，经受战争创伤的人还未痊愈，然而蒙恬身为名将，不在此时大力劝谏，拯救百姓的困顿，恤养老人，抚育孤儿，恢复百姓的元气，反而迎合皇帝的心思，大兴土木，他们兄弟被诛杀，也算罪有应得！何必怪罪到截断地脉呢？

【讲评】本篇讲述的是以秦国大将蒙恬为首的蒙氏家族的史事，其中包括蒙恬的弟弟蒙毅、祖父蒙骜、父亲蒙武等人。不过，司马迁在本篇中对蒙氏的彪炳战功着墨不多，主要集中在蒙恬和蒙毅的遇害始末。其中蒙氏兄弟死前的两段辩白尤为精彩，也是司马迁写作此篇的用意所在。

蒙氏家族自祖父蒙骜始便是秦国重要的将门。秦国统一天下后，蒙恬被派驻北方统兵三十余万驱逐戎狄。驻守北方时，蒙恬凭借天险，西起临洮，东至辽东，构筑长城，设置要塞，震慑匈奴长达十余年。蒙恬的军队是秦朝在北方边境最重要的一支武装力量，秦始皇也十分信任他。加之蒙恬之弟蒙毅，官至上卿，居内侍从始皇。兄弟二人一内一外，辅佐始皇。

然而，蒙氏兄弟和李斯一样，都因废立太子一事被宦官赵高谋害。早在秦始皇时，赵高因犯大罪而被蒙毅判以死刑，后因秦始皇顾念其平日做事勤快，得以被赦免。但蒙毅因此和赵高结下了怨仇。

始皇三十七年冬，秦始皇北上琅琊，途经沙丘时病死。本应陪侍左右的蒙毅因被始皇派遣折回会稽祷告山川神灵而在始皇临终前未能在侧。丞相李斯、公子胡亥和中车府令赵高三人封锁了始皇病死的消息。一方面，赵高与李斯暗地里策划拥立胡亥为二世。另一方面，赵高对蒙毅怀恨在心，借机派遣使者，捏造罪名，赐公子扶苏与蒙毅自杀。扶苏自杀后，赵高担心胡亥对蒙毅网开一面，进言说蒙毅当年屡次谏言阻止先帝立您为太子，如此贰臣，不如杀了以绝后患。胡亥听信了赵高的进言，将蒙毅和蒙恬分别囚禁于阳周和代郡，赐二人死罪。

蒙毅面对胡亥派遣的御史曲宫，临死前做了最后的辩白："如果因我不能探知先帝的圣意而判我死罪，我无话可说。但我从年轻时做官便在先帝左右，对先帝的心思也算了解。先帝立太子的想法已有多年，对太子的态度人所共知，我又怎么会进献谗言，犹有二心呢？我不求苟活，只希望临死前能说出实情。当年秦穆公用三位良臣殉葬，处罚百里奚不当，因此被谥

‘缪’，秦昭襄王杀白起，楚平王杀伍奢，吴王夫差杀伍子胥，这些君王都因误杀重臣而被天下耻笑，并被记入史册。以道治天下者不杀无罪之人，更不加刑罚于无辜者。希望你能好好想想。”使者知道胡亥心思，当然不会听蒙毅的自白，最终杀了蒙毅。

与此同时，二世又派使者前往阳周。蒙恬面对使者，选择了和蒙毅一样的做法，他自白道：“从祖父蒙骜算起，我们祖孙三代都对秦国立有大功。如今我虽然被囚禁，但北方依然有三十万军队听命于我，我有足够背叛秦朝的实力。我不会起兵叛乱，是因为我不想辱没先人的名声，也不敢忘记先王的恩宠。周公当年对成王忠心耿耿，但免不了会被奸臣陷害，成王也会怀疑周公的忠诚。因此，君王做事一定要征询群臣的意见，不能偏听偏信。我蒙氏家族对秦朝向无二心，如今只能以死明志，一定是有奸臣作乱，蒙蔽圣听。周成王过而能改，周朝复兴。商纣王杀了比干却不后悔，最终身死国灭，请圣上三思。我说这番话，并不是为了开脱罪责。我愿意以谏而死，只希望陛下能为万民着想，遵从正道。”沉默良久，蒙恬又徐徐说道：“或许我本来就罪该万死。我西起临洮，东至辽东，筑城挖沟万余里，其间一定会断绝地脉。这便是我的罪过了。”说罢，服毒自杀。

蒙氏家族对秦国统一天下以及后来巩固国家统治都立下了

汗马功劳，其中修筑长城、直道和驰道等更是有功于千秋。司马迁对此都予以了肯定，但他同时站在儒家立场对蒙恬提出了更高要求：蒙恬虽在武力上有功于社稷，但未能帮助秦朝成为仁义之邦，这是作为股肱之臣的失误。所以，如同项羽乌江自刎时怪罪老天，蒙恬将自己的死怪罪于修筑长城时挖断了地脉这一自然因素，在司马迁看来都是没能认识到自己的问题所在。

肆壹

据国争权，卒相灭亡
——评张耳、陈馀交恶

太史公曰：张耳、陈馀，世传所称贤者；其宾客厮役，莫非天下俊杰，所居国无不取卿相者。然张耳、陈馀始居约时，相然信以死，岂顾问哉。及据国争权，卒相灭亡，何乡者相慕用之诚，后相倍之戾也！岂非以势利交哉？名誉虽高，宾客虽盛，所由殆与太伯①、延陵季子②异矣。

卷八十九·张耳陈馀列传

【注释】

① 太伯：太又作泰。古公亶父之长子，周文王之伯父。有弟仲雍、季历，古公欲传位给幼子季历，以使季历子昌（周文王）能继位振兴周国，他与仲雍得知后即避

让，逃奔江南，断发文身，示不可用，于吴（今江苏无锡东）建国，为吴国之始祖。

② 延陵季子：即“季札”，春秋时吴国人，又称公子札，吴王寿梦少子。封于延陵（今江苏常州），称延陵季子。以其贤，其兄诸樊、余祭、夷昧数次推让君位于他，俱不受。

【译文】太史公说：张耳和陈馀是世人交相称赞的贤人，他们的宾客和属下都是天下豪杰，不论在哪一国都可以位至卿相。但张耳和陈馀早年处于困穷境地时，相互信任，生死以约，这是毫无疑问的。到了各自被封王封侯后，反而争权夺势，互相攻灭，为什么以前可以互相仰慕信任、真诚无间，后来却如此对立！难道不是因为权势利益而导致的吗？虽然他们有很高的名誉，宾客也很多，但他们的所作所为和太伯及延陵季子相比就差远了。

【讲评】本篇讲述的是张耳、陈馀两位反秦人物由一开始的亲密无间、彼此信任到后来反目成仇的史事。

张耳、陈馀都是魏国人。张耳年轻时曾是信陵君魏无忌的门客，颇有贤才；陈馀颇好儒术，亦非庸才。二人相交甚深，因张耳较陈馀年长，陈馀把张耳当父亲一样对待。秦灭魏后，秦王听闻二人为魏国名士，分别悬赏千金和五百金追捕张、陈二人。二人易名改姓来到陈国，靠做门卫过活。有一次，小吏认为陈馀犯了过错，要鞭笞他。陈馀发怒，本想反抗，张耳阻止了他，开导他怎可因受此小辱而葬送了性命。陈馀听从了张耳的劝阻。

陈涉起义，张耳和陈馀投奔陈涉，分别任左右校尉，随将军武臣和护军邵骚一起向北攻取赵地。北进之役颇为顺利，连下赵国三十余座城池。占领邯郸后，武臣自立为赵王，陈馀和张耳分别为大将军和右丞相。至此，张耳和陈馀的感情可谓亲密无间，史书记载二人为“刎颈之交”。

二人感情的转折点发生在张耳被围巨鹿时。当时，赵将李良反叛赵国，秦将章邯顺势率军攻打赵国邯郸。张耳逃入巨鹿城，被秦将王离包围。陈馀因到巨鹿的北边收编了常山的兵力，尚有残兵可与秦军对抗，但势单力薄。张耳几次派人向陈馀求援，陈馀始终按兵不动。张耳大怒，怨恨陈馀，派张黡和陈泽前往陈馀军营要求其出兵，并责备陈馀：“我和你本是刎颈之交，现在我和赵王命悬一线，而你拥兵数万却不肯相救！如果你真的在意这份感情，为什么不和秦军决一死战，还有十分之一二胜利的可能。”陈馀解释道：“以现在的兵力去和秦军对抗无异以卵击石，非但不能救赵，反而白白牺牲了这数万将士。我之所以现在不肯与秦军同归于尽，就是希望将来能为赵王和张耳先生报仇。现在要我和秦军同归于尽，就是羊入虎口，又有什么益处呢？”张黡和陈泽不依不饶道：“如今事情紧急，只有同归于尽才可建立信用，哪里顾得上以后的事？”陈馀无奈道：“我死不足惜，但白白葬送将士性命却无济于事，你一定要这么做，那就如你所说的那样做吧。”于是，陈馀派了五千士兵，由张黡和陈泽率领尝试进攻秦军，结果全军覆没。

听闻赵国危急，燕、齐、楚三国和张耳之子张敖都派兵前来救援，但他们包括张耳之子张敖也只敢在陈馀军旁安营扎寨，不敢出击秦军。最后还是靠项羽的军队大破章邯军，保全了巨鹿。

巨鹿甫一解围，张耳便找到陈馀，责问其为何不肯出兵救赵，还问及张黡和陈泽的去处。陈馀解释道：“张黡和陈泽以死相逼，所以我给了他们五千士兵先攻击秦军，结果全军覆没。”不管陈馀怎么解释，张耳始终不信，认为是陈馀杀了他们。陈馀既生气又失望道：“没想到你对我的怨恨竟这么深，你以为我会舍不得这个主将的头衔吗？”说罢，解下印绶要给张耳。张耳也被陈馀的这一举动惊住了，不肯接受印绶。就在陈馀起身如厕时，张耳的门客建言道：“上天给予你的，你不接受，将来是会遭殃的。现在陈将军把印绶给了你，你不接受，违背天意的举动是不吉祥的，赶紧接受吧！”张耳于是收下了印绶，并接收了陈馀的部队。陈馀回来后见自己赌气的行为被张耳顺水推舟地接受了，非常不满，气愤地离开了。张耳和陈馀至此结下了矛盾。

项羽封王时，张耳因率军随其入关，被封常山王。陈馀仅获封侯爵，与张耳封王的待遇相距甚远。陈馀对此极为不满，越发仇视项羽和张耳。陈馀趁齐王田荣反叛楚国项羽时，归顺齐王并举全军之力攻打常山王张耳，收回了赵地，迎立赵王歇，成为了赵国实际的掌控者。张耳败走后归附汉王刘邦。汉二年时，汉王刘邦请求赵国发兵一同攻打楚国，陈馀提出只要汉王杀了张耳便出兵。刘邦找个和张耳长相相近的人杀了并把头送给陈馀检验，陈馀这才出兵攻楚。然而，汉军在彭城以西一带被楚军击败，陈馀发现张耳并没有死，于是又背叛了刘邦。

汉三年，张耳与韩信合力攻破赵国井陉，在泜水斩杀了陈馀。张、陈二人的恩怨以陈馀兵败被杀、张耳获封赵王而告结束。张耳和陈馀从刎颈之交到反目成仇，竟至不杀死对方誓不罢休，这样的悲剧令人唏嘘和扼腕。司马迁在文末也感慨二人同为俊杰，却因利交恶，这与吴太伯和延陵季子的三让天下相去甚远（事见《吴太伯世家》）。

张、陈二人交恶始于张耳被围巨鹿。张耳希望陈馀出于情义来救自己，而陈馀考虑双方实力悬殊，理性地选择了不救。双方都从各自利益出发做出最有利于自己的选择。这一矛盾本就难以化解。当陈馀赌气解下佩印交给张耳，张耳顺势接下时，双方已彻底决裂。司马迁在评论中认为二人是在封王封侯后为争夺权势才导致如此对立。其实，封赏不均只是增加了双方的敌意，恶的种子在此之前已种下。人性在生死利益面前往往经不起考验，加上个人性格和形势变化，能够全身而退者实属少数。

肆贰

幽囚而不辞，欲有所会其度

——评魏豹、彭越起义

太史公曰：魏豹、彭越虽故贱，然已席卷千里，南面称孤，喋血[①]乘胜日有闻矣。怀畔逆之意，及败，不死而虏囚，身被刑戮，何哉？中材已上且羞其行，况王者乎！彼无异故，智略绝人，独患无身耳。得摄尺寸之柄，其云蒸龙变[②]，欲有所会其度，以故幽囚而不辞云。

卷九十·魏豹彭越列传

【注释】

① 喋血：也作蹀血，形容杀人多，血流遍地。

② 云蒸龙变：云气蒸腾，神龙飞动，比喻英雄豪杰顺应时势而奋起。

【译文】太史公说：魏豹和彭越虽然出身低贱，但他们却能攻城略地、席卷千里，南面称王，他们克敌制胜，乘势追击，名震一时。他们怀有叛逆的心思，等到失败了，被俘虏囚禁，身遭刑罚，这是为什么呢？中等以上才智的人尚且对此感到羞辱，更何况是王者！他们能忍辱苟活是因为认为自己智慧谋略高人一筹，只要能保全性命，哪怕获得一点点权力，也会有施展抱负的机会。因此，他们即使身被拘禁也不自行了断。

【讲评】本篇是魏豹、彭越两位秦末起义者的合传。相比于最早揭竿而起的陈胜、吴广以及后来楚汉相争的刘邦、项羽，魏豹、彭越二人始终不是争夺天下的中心人物，因此并不为人所熟知。不过，透过魏、彭之流，亦可在某种程度上更真实地观察秦末汉初天下局势的变化以及个体与大时代的关系。

魏豹本是战国时魏国的公子，其兄魏咎在魏国时被封为宁陵君。秦国统一六国后，魏咎被贬为庶人。陈胜起义为王，魏咎投奔陈胜。攻下魏地后，魏咎作为魏王的后裔，被立为魏王。然而，好景不长，秦将章邯击败陈胜后，便攻击魏王咎并包围了临济。在齐楚两国驰援无果后，魏咎为了保护临济城的百姓，向秦军约定条件投降，最终自焚而死。

魏咎身殁后，魏豹逃往楚地，投奔项羽，先后攻下魏地二十余城，被封为魏王。项羽入关后大封诸侯，把魏王豹封在河东一带，建都平阳，史称西魏王。

随着楚汉相争攻守之势几经反复，魏豹亦曾多次改换门庭。本在项羽手下的魏豹在刘邦平定三秦后，曾举国相附，并随军攻打楚国彭城。等到刘邦被打败后，魏豹又借口探望母亲回到封地，封锁黄河渡口反叛汉王。面对汉王使者郦生的劝说，魏豹慨叹“人生一世间，如白驹过隙”，并以汉王慢而辱人，詈骂群臣如骂奴一般为由，表示不愿臣服于刘邦。这番豪言壮语听起来十分动人，实则因魏豹听信算命先生的话，以为自己的儿子能做天子。魏豹心里盘算，既然儿子是天子，那么自己也是天选之人，一时膨胀，决定自立山头（事见《外戚世家》）。然而，帝王梦没做成，反倒被刘邦派去的韩信俘获，最终被周苛所杀。

至于彭越，其人本在巨野泽中捕鱼做强盗。秦末天下大乱，彭越没有急于起兵，而是静观局势变化，一年多后才在众人请求下，带兵起义。起义伊始，彭越便展现出领袖才能。彭越与泽间少年约定日出集合，后期当斩。结果，第二天还是有十几人迟到。为了树立威信，同时也考虑到法不责众，彭越下令将最后迟到者斩首示众。属下原以为彭越只是吓唬他们，没想到言出必践。经此一事，彭越确立了自己的威信，整肃出一支军纪严明的队伍。在随后的攻城略地中，彭越不断收编散兵游勇，拉起了一支一万多人的队伍，成为刘邦、项羽之外一支不可小觎的力量。后来彭越归顺刘邦，为刘邦夺取天下立下汗马功劳。因彭越功勋卓著，刘邦兑现诺言，立为梁王，定都定陶。

然而，作为异姓王，彭越的下场极其悲惨。汉朝建立后，彭越分别于高祖六年、九年和十年觐见刘邦，以示忠心。但在十年秋，刘邦向梁王彭越征兵以平定陈豨叛乱时，彭越却以生病为由，只派了一位将军前往邯郸去见高祖。刘邦大怒，派人前去责备梁王彭越。梁王彭越心里害怕，本想亲自谢罪，但其部将扈辄却劝他，当初您没去觐见刘邦，现在受了责备再去，一定会被捕的，不如起兵造反。彭越没有听从，只是继续装病。此时梁王的太仆与梁王不和，跑到刘邦那里告发梁王企图造反。结果，刘邦悄无声息，暗中派人围捉梁王，将其逮捕，并囚禁于洛阳。彭越被贬为庶人，发配蜀地。在走到郑县时，路遇吕后，向其哭诉喊冤，并表示愿意回到家乡昌邑定居。吕后答应与其一道返回洛阳，面见高祖，为其求情。没想到，吕后见到高祖后，直言发配彭越到蜀地无疑养虎遗患，如今他人在洛阳，不如杀掉以绝后患。最终，彭越不但被诛杀三族，枭首示众，还被剁成肉酱，遍赐诸侯（事见《黥布列传》和《季布栾布列传》）。

在司马迁看来，魏豹和彭越无疑都是一时豪杰。在“太史公曰”中，司马迁对魏、彭二人被囚后没有慷慨赴死给予了理解之同情，认为他们只是在静候时机，一旦风云变化，便可重操权柄。

天下已集，乃谋畔逆，夷灭宗族，不亦宜乎
——评韩信起落

太史公曰：吾如淮阴[①]，淮阴人为余言，韩信虽为布衣时，其志与众异。其母死，贫无以葬，然乃行营高敞地，令其旁可置万家。余视其母冢，良然。假令韩信学道谦让，不伐己功，不矜其能，则庶几哉，于汉家勋可以比周、召、太公之徒，后世血食[②]矣。不务出此，而天下已集，乃谋畔逆，夷灭宗族，不亦宜乎！

卷九十二·淮阴侯列传

【注释】

① 淮阴：县名，秦置。以在淮河南岸得名，治所在今

江苏淮阴县西南。

② 血食：享受祭祀。祭祀须杀牲取血，故名血食。

【译文】太史公说：我到淮阴，淮阴人对我说，韩信即使还是个平民百姓时，他的志向抱负就和别人不一样。他母亲去世时，家里穷到没有钱下葬，但他却四处寻找又高又宽敞的坟地，让坟地旁可以安置万户人家。我看了他母亲的坟地，确实是这样。如果韩信能够学会谦恭退让，不夸耀自己的功劳，不自恃自己的才能，那他对于汉朝的功勋差不多可以比肩周朝的周公、召公、姜太公这些人，也可以享受后世子孙的祭祀了。可是，他没能致力于此，而是在天下已经安定之时，反而图谋叛乱，被诛灭宗族，不也是应该的吗？

【讲评】本篇记述的是"汉初三杰"淮阴侯韩信的史事。《淮阴侯列传》是《史记》的名篇之一，诸如"胯下之辱""萧何月下追韩信""韩信将兵，多多益善""成也萧何，败也萧何"这些今人耳熟能详的典故都出自此篇。

韩信，淮阴人，年轻时贫而无行。因既不会做买卖，也没资格做地方小吏，韩信只能经常去熟人家蹭饭吃，很惹人厌。当地一个屠户少年羞辱韩信："别看你长得高大，还经常佩剑，其实只是个懦夫罢了。你如果不怕死，就用你的剑刺死我。如果怕死，就从我的胯下钻过去。”韩信盯着那个少年看了很久，最终趴在地上，从他的胯下钻了过去，受尽众人嘲笑。这就是“胯下之辱”的由来。

秦末农民起义后，韩信的衰运并没有结束。他先后投奔项梁和项羽，但都默默无闻。韩信好几次献计项羽，都未被采纳，不得已再次出逃，改投汉王刘邦。改换门庭后的韩信仍旧不被重用，甚至还因犯法差点被正刑。

不过，韩信的才能还是被丞相萧何发现了。在好几次和韩信的交流中，萧何都惊叹于韩信的奇才。当韩信出逃，准备再找下家时，萧何甚至都来不及向刘邦汇报直接骑马追了出去，一直追了两天一夜，才把韩信追回帐中，史称“萧何月下追韩信”。刘邦以为萧何也背叛出走，后见萧何回来，又怒又喜，问道：“逃跑的军官多达数十人，为何你偏偏要把韩信追回来？”此时萧何才道出其中缘由：“千军易得，一将难求。萧何乃天下国士，如果大王只想称王汉中，韩信确实没有太大的用处，但如果大王想夺取天下，那么除了韩信，再无他人可用。”刘邦听信了萧何的建议，择良日斋戒、设场、具礼，拜韩信为大将。然而，当全军上下听说韩信被拜为大将，全都震惊不已。

韩信确实没有辜负萧何的力荐。在第一次面见刘邦时，韩信准确地分析了刘邦与项羽在个人才能和军事力量等方面的优劣，以及刘邦在战略上获胜的可能性。韩信指出，虽然就个人能力来说，项羽勇悍仁强皆胜于刘邦。不过，项羽之勇，只是匹夫之勇，他不能任命贤将，仅靠个人强悍无济于事。项羽之仁亦只是妇人之仁，虽然他表面恭敬慈爱，言语温和，部下生病时还为他们流泪，并把食物分给他们。但一旦部下立功，他却舍不得封赏，长此以往必然令将领寒心。虽然项羽现在是天下霸主，势力强大，但一来他不占据可控中原的关中地区而定都彭城，已犯了战略错误。二来项羽违背义帝之约，任人唯亲，惹得其他诸侯愤愤不平。加之其坑杀降兵，所过之处无不残灭，百姓只是迫于淫威，敢怒不敢言罢了。当今之计，刘邦只要反其道行之，任用天下武勇，大行封赏，便可收尽英雄。再利用三秦之地百姓对项羽的仇恨，向东进军，夺取三秦。最后，像当初入关中时那样“约法三章”积攒民心，何愁天下不定。

相比于卓越的战略眼光和军事才能，韩信的政治头脑简单。刘邦虽对韩信一直委以重任，但对其手上的兵权颇为忌惮。比如在韩信不断占领赵国各城时，刘邦随即驰入军中，夺去了韩信的帅印和兵符。但韩信未有所警觉，后来在完全占领齐国后，竟然又要挟刘邦封他为“假齐王”，刘邦碍于形势只好答应，但心里不快已非常明显了。

彼时的韩信已成为左右天下大势的关键。不管是项羽阵中的武涉还是谋士蒯通，都不约而同地指出韩信“为汉则汉胜，与楚则楚胜”。甚至因其拥有与项羽、刘邦共逐天下的实力，韩信还可自立为王，与刘、项三分天下。然而，韩信一方面感念刘邦对他的知遇之恩，怀着“士为知己者死”的情怀而不肯背叛刘邦，但另一方面又受“假齐王”的诱惑要挟刘邦，最终两头不着，可谓不智之极。

垓下之围彻底打败项羽后，刘邦又一次趁韩信不备夺去了他的军权。虽在汉五年正月，刘邦依然封韩信为楚王，但其对韩信的戒备之心却与日俱增。

项羽帐下将领钟离昧与韩信交好。项羽死后，钟离昧改投韩信。刘邦对钟离昧恨之入骨，下令去楚国捉拿他。与此同时，刘邦听到韩信企图造反的谣言，借巡视诸侯国为由，准备抓捕韩信。韩信起初并不知情，刘邦到达楚国时，韩信本想面陈刘邦以说明情况，但又怕被刘邦抓去，因此打起了钟离昧的主意。尽管钟离昧劝谏韩信：“刘邦之所以不敢攻打楚国，是因为有我钟离昧在。如果你把我杀了去讨好刘邦，你最终也会跟着送命的。”韩信不听，杀了钟离昧到陈地朝见刘邦。然而，刘邦本就想抓捕韩信，根本不领韩信的情，当即就把他捆住，降为淮阴侯。

被夺去楚王名号的韩信又恨又怕，心知刘邦对自己颇为忌惮，但依然无法掩饰心中的高傲。有一次，韩信拜访将军樊哙，樊哙跪拜送迎，并说道：“大王竟肯光临小臣之家，不胜荣幸！”言行之间颇为恭敬。面对这位吕后的妹夫、刘邦的心腹大将，韩信完全不屑一顾，感叹自己竟与樊哙之流为伍。甚至刘邦和韩信闲谈，比较自己和韩信的领兵才能时，韩信也直言不讳道：“陛下领兵不过十万，而我则多多益善。”“韩信将兵，多多益善”的典故由此而来。从中亦可见其为人与城府极深的刘邦根本不可同日而语。

韩信最终还是决定和巨鹿郡郡守陈豨一起谋反。陈豨被封为巨鹿郡的郡守，准备向韩信辞行。韩信和他在庭院里散步，说出了自己的一番心里话：“如今你去镇守的巨鹿郡乃是天下精兵聚集之处，陛下是因为信任你才派你去那儿做郡守。但一旦有人说你要谋反，陛下起初一定不信，但架不住三番几次有人这么说，陛下一定会领兵攻打你。你不如到时反叛，我居中配合你，则天下可图。”陈豨遵从韩信的指示，在汉十年时，起兵造反。刘邦亲征平乱，韩信借口生病并未跟随。他一面和陈豨通信，令其举兵，一面和家将们谋划，假传圣旨放出被关押的犯人，意图袭击吕后和太子。然消息被一位韩信门客的弟弟密报给吕后。吕后和丞相萧何商量，假称陈豨已被高祖擒杀，要求群臣列贺，以此将韩信骗进宫中。萧何劝韩信虽生病，但应遵照礼节进宫道贺。韩信踏进长乐宫的一瞬间，埋伏在两侧的武士把他捉住并在钟室内将其斩杀。所谓“成也萧何败也萧何”，说的便是韩信因萧何得以封侯，也因萧何最终被杀。得知韩信被杀后，刘邦露出了“且喜且怜”的表情，一方面高兴于心腹大患终于被除，另一方面也感慨随他征战多年的韩信无法善终，心情复杂。

纵观韩信一生，其人其事颇可玩味。韩信早年贫困，但面对恶少挑衅，依然能沉得住气，可谓能屈能伸，司马迁也称“其志与众异”。在展现出众的军事才能后，他依然能够谦逊地对待败军之将为己所用，又可见其清醒。然而，韩信在处理人事时屡次进退失据，一面怀有“士为知己者死”的美好心愿，一面又忍不住要挟刘邦封其为王。面对刘邦的责难，韩信选择杀害好友钟离眛以讨好刘邦，却又难掩心中的优越感，瞧不起樊哙这样的皇亲国戚，甚至对刘邦也自矜其能。司马迁认为，韩信未能学道谦让、不伐己功，以遭杀身之祸。

肆肆

宾客慕义而从横死，岂非至贤

——评田氏称王

太史公曰：甚矣蒯通[①]之谋，乱齐骄淮阴，其卒亡此两人！蒯通者，善为长短说，论战国之权变，为八十一首。通善齐人安期生[②]，安期生尝干项羽，项羽不能用其策。已而项羽欲封此两人，两人终不肯受，亡去。田横之高节，宾客慕义而从横死，岂非至贤！余因而列焉。不无善画者，莫能图，何哉？

卷九十四・田儋列传

【注释】

① 蒯通：即蒯彻，秦末范阳人（今河北定兴南固城

镇），善游说。

② 安期生：道教仙人，相传为琅琊人（今山东境内）。常年卖药于东海边，人呼“千岁翁”。秦始皇东巡时与其会见，赐金璧万数。留书秦始皇：“后千岁求我于蓬莱山下”。始皇遣徐福、卢生数百人入海求之，遇风浪而还。

【译文】太史公说：蒯通的计谋真厉害啊，既扰乱了齐国田横又使淮阴侯韩信骄傲昏惑，最终害死了这两个人！蒯通善于纵横捭阖，议论战国时势，并写了八十一篇文章。蒯通和齐人安期生交好，安期生曾经拜访游说项羽，但项羽没采用他的计谋。后来项羽又想封赏这两个人，这两人最终也不肯接受，于是就逃走了。田横的高风亮节，使得宾客都仰慕他的义气而愿意为他而死，这难道不是最贤能的人吗？我因此把他写在列传里。天下不是没有擅长绘画的人，但没人把田横的容貌画下来，这是为什么呢？

【讲评】本篇讲述的是田儋、田荣和田横兄弟三人从起兵反秦到田横自刎而死的史事，其中著名的“田横五百士”便出自此篇。

田儋三兄弟本是战国时期齐王田氏的族人，在地方上很有势力。借着陈涉起义，田儋当机立断，杀了县令，自立为齐王。与此同时，他向东进军，占领齐地。然而，在援救魏国时，田儋被秦将章邯杀于临济城下。田儋的堂弟田荣收拾旧部向东撤退到东阿。在田荣撤退过程中，齐国人又改立田假做齐王，田角做相国，田间做将军。田荣一怒之下，杀回齐国，田假、田间和田角三人逃亡楚国和赵国。田荣拥立田儋的儿子田市为齐王，自任相国，并以田横为将军，再次占领齐国。

在田荣危难时，项梁曾助其击败章邯。随着章邯军队日益壮大，项梁有意联合赵、齐两国合击章邯。田荣提出条件，只要楚国杀掉田假、赵国杀掉田角和田间，自己便肯出兵。但楚赵两国不愿意，田荣也不肯出兵。最终楚军大败，项梁被章邯所杀，项羽因此迁怒于田荣。秦国灭亡，项羽进入咸阳大封天下，将齐王田市改封为胶东王，齐国将军田都因救赵有功被立为齐王，原齐王田建的孙子田安因归降项羽被封为济北王。唯独田荣因不肯出兵帮助项羽，未能封王，田、项二人的矛盾越结越深。

田荣索性鼓动同样因未能封王而对项羽不满的赵将陈馀反叛，自己出兵把田都赶至楚国，追杀田市和田安，把这三人的封地全部吞并，自立为齐王。项羽闻讯大怒，出兵攻打齐国。田荣战败，被平原人所杀。项羽为了报复田荣，所过之处无不烧毁屠杀，项羽因此与齐人结下仇恨。齐人相聚反叛项羽，恰在此时刘邦率兵攻打项羽，项羽无暇顾及齐地，返回彭城，与汉军交战，后在荥阳相持。田横趁机收拾残部，接过兄长田荣的部队，再次收复了齐国的城邑，并立田荣之子田广为齐王，田横自任相国。

三年后，刘邦派使者郦食其游说田横，希望能收降田广和田横。田横本已准备归顺刘邦，并解除了城池防备。但此时韩信听信了蒯通的建议，自己受诏击齐，领兵数万还不如郦食其一人的三寸之舌，这会让其他人怎么看？为了向刘邦证明自己的作用，在齐国撤下防备的同时，韩信下令渡河，一举攻破齐国历城，兵临临淄。田广和田横震怒，以为郦食其出卖了自己，便烹煮了他。随后，二人分别逃往高密和博阳。到了博阳后，田横听说齐王田广已死，便自立为齐王，还击灌婴的军队。被灌婴打败后，田横不得已投靠彭越。此时，韩信已平定齐国，被封齐王（事见《淮阴侯列传》）。

汉朝建立后，田横担心刘邦翻旧账，带着部下五百多人逃入海岛。刘邦担心齐人多附田氏，如田横不归附，日后恐有祸乱。于是，刘邦赦免了田横的罪过，几次三番想招降他，都被田横辞谢。田横说："我曾烹煮陛下的使者郦食其，如今他的弟弟郦商又是汉朝大将，我恐怕也不会有好结果，不如让我在岛上做一个平民百姓吧。"然而，刘邦不依不饶，命令郦商如果敢动齐王田横的人马就以灭族论处。同时，刘邦又传令："田横如果归附，最高封王，最低也是个侯爵，但如果不来，就派兵诛杀他。”

田横无奈，最终与两位门客乘坐驿车到了洛阳。在驿站，田横向两位门客坦陈心迹：“我与汉王曾经都南面称王，如今他做了皇帝，而我却成了北面事之的臣子，这是何等耻辱的事情。更何况我烹煮了郦商的兄长郦食其，现在我和他并肩事主，就算郦商因为害怕天子之诏不对我动手，我自己心里难道能无所愧疚吗？陛下之所以要召见我，无非就是想看看我的容貌而已。现在陛下就在洛阳，割下我的头驱车三十里，容貌还未变化，犹可一观。”说罢，田横自刎明志，令门客捧着自己的头面见刘邦。两位门客料理完田横的后事，在田横墓旁挖了洞穴，然后自杀落进坑里陪葬。海岛上的五百门客听说田横已死，都自杀以殉田横，史称“田横五百死士”。

在司马迁看来，田横之死尤显悲壮，而田横五百士追随主人慷慨赴死更体现出一种慕义从死的高贵品质。1928—1930 年，著名画家徐悲鸿以《田横五百士》为主题创作了一幅田横与五百士诀别的油画，寓意不畏强暴，宁死不屈，其精神便源于此篇。

肆伍

附骥之尾，垂名汉廷

——评樊哙、郦商、夏侯婴和灌婴之荣

太史公曰：吾适丰沛[①]，问其遗老，观故萧、曹、樊哙、滕公之家，及其素，异哉所闻！方其鼓刀屠狗卖缯之时，岂自知附骥之尾，垂名汉廷，德流子孙哉？余与他广[②]通，为言高祖功臣之兴时若此云。

卷九十五·樊郦滕灌列传

【注释】

① 丰沛：沛，即沛县，秦县名，今江苏沛县；丰，即丰县，是当时沛县的一个市镇，今江苏丰县。

② 他广：即樊他广，樊哙庶子樊市人之孙。汉景帝时因家中舍人诬告，被废为庶人，封国食邑被取消。

【译文】 太史公说：我到丰邑和沛县，访问那里的老人，走访萧何、曹参、樊哙和夏侯婴的故居，了解他们平素为人，所听到的与在朝廷中了解的情况真是特别不一样！想当年樊哙操刀宰狗，灌婴贩卖丝绢的时候，难道会知道自己有一天会依附于某人并最终留名汉朝，德业恩及子孙吗？我与樊哙的孙子樊他广交往，他跟我说汉高祖功臣兴起的情形，就像我前面说的那样。

【讲评】 本篇是樊哙、郦商、夏侯婴和灌婴四人的合传。四人自刘邦起家时便追随左右，是刘邦的心腹之臣。樊、郦、滕、灌四人无论在才干和贡献上都无法与“汉初三杰”等人相媲美，但刘邦对此四人格外信任，其政治地位和能量绝不能低估。

樊哙是刘邦的沛县老乡，以屠狗为生。为了避祸，樊哙曾与刘邦一道隐于芒砀山下。刘邦起兵丰邑时，樊哙就以家臣的身份任舍人之职。此后，樊哙随刘邦一路南征北战，先后被赐国大夫、列大夫、上间爵、五大夫、卿爵和贤成君。

反秦战争时，项羽与刘邦约定“先入关中者为王”。结果，刘邦率先进入关中，项羽接到刘邦营中细作曹无伤的情报，认定刘邦想要称王。于是，项羽驻军戏下，准备攻打刘邦。刘邦闻讯，赶忙带着一百多骑兵，通过项伯面见项羽，当面谢罪并称自己并无称王之意。项羽于是宴请刘邦和一众将士，欲在宴会上除掉刘邦，这便是历史上著名的“鸿门宴”。宴会举行到一半时，樊哙因担心刘邦安危，手持铁盾闯入军营。项羽瞪着他，问此人是谁。张良答道：“这是沛公的参乘樊哙。”项羽称赞樊哙为勇士，赐他酒和猪腿。樊哙当即饮酒，并拔剑切肉，全部吃完。项羽又问樊哙能否再喝。樊哙答道：“我死都不怕，还会怕一盅酒吗？沛公先入咸阳，驻军霸上等待大王。没想到如今大王听信小人谗言，与沛公有了隔阂。我担心天下会从此分崩离析，众人都会怀疑大王啊。”项羽听闻樊哙的这番话后，默不作声，放弃了杀刘邦的想法。刘邦借口如厕，把樊哙召了出去。出了营帐后，刘邦单人驰马，令樊哙四人步行护驾，逃回霸上军营。

刘邦夺取天下后，樊哙又随高祖平定了燕王臧荼、楚王韩信和韩王的叛乱，被封为舞阳侯。此外，樊哙因娶了吕后的妹妹吕须为妻，与刘邦连襟。因此，和其他将领相比，樊哙与刘邦的关系更为亲密。在黥布叛乱，高祖病重时，只有樊哙敢违背刘邦不准群臣入内的命令，推开内门，流着眼泪，以赵高误秦国为例，劝谏刘邦不可因亲近内朝宦官而与群臣相隔绝。樊哙的政治勇气与能量可见一斑。

汝阴侯夏侯婴也是刘邦的沛县老乡。夏侯婴本是沛县官府一个负责养马赶车的小吏。每次送客人经过沛县泗水亭时，夏侯婴都会与高祖刘邦畅谈良久。刘邦有一次与夏侯婴游戏，误伤了夏侯婴，被人状告伤人。刘邦作为亭长伤人理应重判，夏侯婴为了刘邦免受牢狱之灾，做证刘邦并没有伤害自己。然而，案件重审，夏侯婴因做伪证坐牢一年多，挨了几百大板。不过，他和刘邦的交情因此更加深厚了。

刘邦起义后，夏侯婴便以太仆的身份为他驾车，始终不离左右。刘邦在彭城被项羽打得落荒而逃，他把自己的孩子孝惠帝和鲁元公主扔下车以便加快马车速度，夏侯婴依然为刘邦驾车，并把孝惠帝和鲁元公主重新抱上车，最终一起顺利脱逃。正是这样的经历使夏侯婴在孝惠帝和吕后掌权时期，依然能够享有尊位，孝惠帝甚至把宫殿北面第一等的公馆赐给夏侯婴，以示特别尊重。

本篇中的另外两位曲周侯郦商和颍阴侯灌婴，经历与樊哙和夏侯婴相近，都在起义之初便追随刘邦左右，后来得封侯爵。其中，郦商因其兄郦食其的引荐得以亲近高祖（事见《郦生陆贾列传》），而灌婴作为元老重臣，随绛侯周勃和陈平等人一起平定了吕氏之乱，共迎文帝。

客观来说，尽管樊哙和夏侯婴等人为汉朝立下过汗马功劳，但论才干，四人并非汉初第一流人物。司马迁用“附骥之尾”一词，即苍蝇附于骥尾，可随之一日而致千里，形容四人可谓恰当。四人对汉朝忠心耿耿，亦无能力威胁刘邦的地位。樊哙和夏侯婴因与刘邦有着特殊的经历和关系，相较于“汉初三杰”，刘邦对他们更为信任。这也是“附骥之尾”能够“垂名汉廷”的重要原因。

大直若诎，道固委蛇

——评刘敬、叔孙通之功

太史公曰：语曰“千金之裘，非一狐之腋也；台榭之榱，非一木之枝也；三代之际，非一士之智也”。信哉！夫高祖起微细，定海内，谋计用兵，可谓尽之矣。然而刘敬脱輓辂[①]一说，建万世之安，智岂可专邪！叔孙通希世度务，制礼进退，与时变化，卒为汉家儒宗。“大直若诎，道固委蛇”，盖谓是乎？

卷九十九·刘敬叔孙通列传

【注释】

① 輓辂：指车上供牵引用的横木，也代指所拉的车子。

【译文】太史公说：常言道“价值千金的裘皮大衣，不是靠一只狐狸的腋皮制成的；亭台楼阁的椽子，不是一棵树上的枝条就能建起来的；夏商周三代的丰功伟绩，不是靠一个贤人的才智造就的”。确实是这样啊！汉高祖刘邦起事时地位低微，平定天下，谋划大计，用兵打仗，可以说极尽能事了。但是，刘敬摘下车前的横木去见皇帝并进言，创建了万世太平的基业，这种智慧又怎么可能出自一个人呢！叔孙通看风使舵，制定礼乐规矩，与时俱进，最终成为汉代儒家的宗师。俗话说“最正直的反似弯曲的，事理本来就是曲折前进的”，大概说的就是这类事情吧？

【讲评】本篇记述的是汉初两位重要谋臣刘敬和叔孙通。汉朝初立，百废待兴，他们对巩固汉朝政权起到了很大作用。

刘敬，本姓娄，齐国人。汉高祖五年时，娄敬穿了一件羊皮袍子去洛阳觐见刘邦，劝谏刘邦迁都关中。是时，刘邦还在定都洛阳或长安之间举棋不定。当时刘邦身边的臣僚大多来自崤山函谷关以东一带，他们都急于回到故地洛阳，加之秦朝二世而亡，关中一带在刘邦看来亦非福地。因此，刘邦心里也更倾向于定都洛阳。

对于刘邦的这一打算，娄敬并不赞同。他没有直言自己的意见，而是反问刘邦："陛下定都洛阳，是不是想比肩周王室？"刘邦回答是，娄敬为刘邦分析周朝与汉朝的不同："周朝从始祖后稷始封于邰地，行善积德十几代，其中周先民多次迁居，公刘为了躲避夏桀而居豳地，太王又因戎狄的骚扰不得已放弃豳地，跋山涉水，移居岐山。文王因圣明引得姜太公和伯夷等贤者归附，最终得以会盟诸侯，一举灭掉殷商。成王即位，周公方才营建洛阳，成此基业。周之所以建都洛阳乃是其长期积累的结果，是以德治天下而不依险阻。即便如此，当其盛时，犹可为之，一旦势衰，天下一分为二，周天子也无可奈何。如今陛下从沛县起家，卷蜀汉、定三秦，与项羽争夺天下，大小之战数以百计，生灵涂炭，天下百姓苦不堪言。因此，当前根本不具备与周朝盛世相媲美的实力，选址建都还应以地缘为重。关中一带历来是天府之地，物产丰盈。其拊背扼喉的地理位置足以控制全国，即便崤山函谷关以东一带出现叛乱，王畿之地亦可无忧。这都是定都洛阳所无法比拟的。"娄敬的分析有理有据，加之留侯张良的支持，刘邦决定迁都长安。娄敬因此被赐姓"刘"，改名刘敬。从历史角度来看，娄敬的这一建议奠定了此后一千年的政治格局，直到宋代定都开封，此后元明清三朝定都北京，中国的政治格局才正式完成了由西向东的转移。

两年后，韩王信投降匈奴。刘邦大怒，决定亲征（事见《韩信卢绾列传》）。然而，曾出使匈奴的刘敬却力劝刘邦不可。

刘敬分析道：“两国交战前，当然首先要炫耀武力。然而我这次出使匈奴，只见到老弱残兵，这一定是匈奴为了迷惑我们才这么做的，千万不可上当。”盛怒之下的刘邦听不进刘敬的意见，当即将其关押。然而，在此战中，刘邦在白登山被匈奴围困七日，靠着陈平贿赂单于妻子的计策才得以侥幸脱险。刘邦服膺刘敬的判断，不但赦免了他，还封其为关内侯，食邑二千户，这是当时汉代最高爵位的待遇。

白登之围后，刘邦向刘敬咨询对付匈奴的对策。刘敬给刘邦出的主意即是后来影响深远的“和亲”政策。刘敬分析道：“如果陛下能将自己的长公主嫁给冒顿单于，单于必定感恩戴德，将长公主奉为正室，所生之子日后必为太子。假以时日，我们用汉朝礼节感化他，那么单于在世时是我们的女婿，他死后，其子也就是我们汉家的外孙做了单于，难道还有外孙与祖父兵戎相见的吗？”刘敬此计本意是通过联姻方式，短期内缓解汉匈矛盾，换取和平；长期来看，是期望同化匈奴，使之彻底臣服。此举成为后来汉族王朝与少数民族的重要沟通方式。

本篇中的另一主人公叔孙通是秦国薛郡人。秦二世时，叔孙通因擅长文学被征为待诏博士。陈胜起义后，秦二世征召各博士商量对策。其他三十几位博士都主张二世当出兵歼灭陈胜，唯独叔孙通虚与委蛇，淡化事态的严重性，劝二世不必为此担心。最后，所有认为陈胜造反的博士都被治罪，唯独叔孙通被赐帛二十匹、衣一袭，并从待诏博士升为博士。诸生不解，质问叔孙通为何如此谄媚？叔孙通解释道：自己刚从虎口脱险，只是看穿了二世顾及颜面，不愿承认自己治下出现叛乱，方出此言。叔孙通审时度势，马上逃离了咸阳，追随项梁，后又归顺了刘邦。

作为儒生，叔孙通喜穿儒服，刘邦却因此讨厌他。叔孙通于是改穿合乎楚人习惯的短衣，刘邦对此非常高兴。刚刚归降刘邦的叔孙通一直不推荐跟随自己多年的儒生弟子，反而推荐一些盗贼壮士，诸生不解，叔孙通解释道："如今楚汉相争，汉王需要的是能冲锋陷阵的勇士，我们作为儒生无所作为，姑且再等一等吧。"

高祖五年，天下统一，叔孙通作为通晓礼制的儒生有了用武之地。起初叔孙通为刘邦制定了一套朝廷的礼仪和名号，没想到刘邦觉得太繁琐，一切从简。有一次，群臣饮酒争功，拔剑击柱，场面十分混乱。此时叔孙通觉得时机已到，建言道："儒生难与之共谋进取，却可以和他们一起保守基业。请允许我和我的学生一起制定一套朝廷的礼仪和制度吧。"刘邦虽然担心礼仪太过复杂，但还是同意了叔孙通的建议。

叔孙通征召鲁地儒生三十多人与之一起制定礼仪制度，有两位鲁生拒绝应召，当面痛斥叔孙通制礼作乐只是为了奉承主公，求得富贵。如今天下未定，民力尚未恢复就急于制礼作乐不合古制。叔孙通面对这样的责骂丝毫不以为意，笑此二人为腐儒。

叔孙通与众人一起在野外操练了一个多月，于高祖七年长乐宫落成时，为刘邦制定了一套完整的宫廷朝会礼节。宫殿中有谒者主持仪式，引导官员依次进入殿门。宫廷中车骑、步卒和宫廷卫兵依次排列，到处陈设着兵器，竖起旗帜。所有功臣、列侯和武将都按官阶站在西侧，面朝东；文官丞相以下站在东侧，面朝西。主持礼仪的大行令派九位礼宾人员高声地从第一位传到第九位。此时，皇帝缓缓出行，百官肃穆，从诸侯王到六百石官员按次序向皇帝致贺。仪式结束后，又置办了一场酒会。席间，诸侯都坐在殿上低头饮酒，按尊卑次序向皇帝敬酒。如有不合礼节者就会被执法的御史赶出去。这次酒会再也没有人喧哗失礼，一切秩序井然，皇帝威权尽显无遗。原本极度厌恶儒家的刘邦终于体会到了儒生的作用，感慨道“吾乃今日知为皇帝之贵也”。叔孙通因此被拜为太常，其弟子也获得奖赏。

高祖九年时，叔孙通被刘邦任命为太子太傅，即太子的老师。高祖十二年，刘邦因宠爱戚夫人，想废掉太子刘盈，改立戚夫人所生的赵王如意为太子。叔孙通这次不再像此前那般阿谀奉承，而是坚决反对。他以晋献公的骊姬之难和赵高诈立秦二世为例，劝谏刘邦不可随意废掉太子，并放言如果一定要废嫡立少，自己甘愿先死。

刘邦去世后，叔孙通奉惠帝之命，制定宗庙的礼仪制度，奠定了汉朝乃至后世基本的礼仪规范。

刘敬和叔孙通的这些建议在很大程度上奠定了汉朝长治久安的基础，体现了儒学以及儒生的价值所在。在此过程中，儒学不可避免地为了迎合政治需求做了一定程度的妥协。例如，叔孙通为汉朝设计的仪制基本袭于秦制，近乎于律，以“尊尊”为尚，而非儒门所倡之“亲亲”古礼。这也是鲁地两位儒生痛斥叔孙通这一做法“不合古”的原因。不过，后世对叔孙通评价甚高，东汉王充在《论衡·效力》中将叔孙通定仪与萧何造律相提并论，认为一者使“高帝尊”，一者使“汉室宁”。司马迁对此亦十分赞赏，在他看来，刘敬和叔孙通的妥协不过是“大直若诎，道固委蛇”罢了。

肆柒

受辱而不羞，欲有所用其未足也

——评季布、栾布之勇

太史公曰：以项羽之气，而季布以勇显于楚，身履典军搴旗[①]者数矣，可谓壮士。然至被刑戮，为人奴而不死，何其下也！彼必自负其材，故受辱而不羞，欲有所用其未足也，故终为汉名将。贤者诚重其死。夫婢妾贱人感慨而自杀者，非能勇也，其计画无复之耳。栾布哭彭越[②]，趣汤如归者，彼诚知所处，不自重其死。虽往古烈士，何以加哉！

卷一百·季布栾布列传

【注释】

① 搴旗：语出《吴子·料敌》："搴旗斩将，必有能者。"指拔取敌方旗帜。

② 彭越：秦末昌邑人（今山东巨野东南），早年为"盗"，后追随刘邦，为西汉开国功臣。因受刘邦猜忌，被夷灭宗族。

【译文】太史公说：在项羽那样的勇猛和气势面前，季布居然还能以英勇善战在楚军中扬名，多次攻灭敌人的军队，拔掉敌人的军旗，可以算得上是壮士了。然而当他遭受刑罚，给人做奴仆，却始终不肯赴死，这时又显得多么低贱啊！他之所以如此，一定是自负有才能，所以即便蒙受屈辱也不以为羞耻，希望有朝一日能发挥他还没能施展的才干。果不其然，季布最终成为汉朝的一代名将。如此看来，真正贤能的人从来不会轻生。那些奴婢姬妾遇事动不动就自杀的，根本算不上勇敢，只是因为他们觉得再也没有别的办法了而已。栾布为彭越痛哭，把下油锅看得如同回家一般快乐，这是因为他真正知道要死得其所，而不是吝惜自己的生命。即使是古时候壮怀激烈的有志之士，也不过如此！

【讲评】本篇讲述的是季布和栾布两位勇士的史事。季布是楚国人，为人有侠气且重承诺。所以楚地有“得黄金百，不如得季布一诺”的说法，“一诺千金”这个典故便出自这里。作为楚霸王项羽的部下，季布带兵打仗勇猛无比，楚汉相争时，常常把刘邦打得灰头土脸。刘邦夺取天下后，悬赏千金，一定要捉拿季布，并称若有人胆敢私藏季布，株连三族。此时，在战场勇猛无比的季布却选择四处藏匿。他先是躲在濮阳周氏家中，之后又听从周氏的建议，伪装成仆人来到了鲁国朱家。朱家也十分仗义，不但告诫自己的儿子要听季布的吩咐，而且自己坐马车来到洛阳拜见汝阴侯滕公，为季布纾困。朱家一见滕公，便问道：“季布到底犯了什么罪，以至于皇上这么急着抓捕他？”滕公解释道：“季布曾多次替项羽围困今上，今上对此怨恨不已，才要抓他。”朱家进一步问道：“那您觉得季布是一个怎样的人呢？”滕公承认季布才能不凡。朱家这才谏言道：“当初各为其主，季布作为项羽的部下，围困今上乃是尽忠职守。现在今上夺取天下，又怎么可能杀得尽项羽的臣子呢？因泄私愤而显现出自己的气量狭小，有失天子气度。更何况像季布这样的贤能之士，如果逼得太紧，万一他向北投奔匈奴或向南投靠南越，这对汉朝来说岂不是更加不利？您应该找机会向皇上说明这一切啊。”滕公依言进谏。刘邦赦免了季布，因季布服罪，任命他为郎中。

季布历经惠帝、文帝两朝，有很好的名声。孝文帝时，单于曾写信羞辱吕后。吕后大怒，召集诸将商议对策。上将军樊哙豪言，愿将兵十万，横扫匈奴。当时诸将为了奉承吕后，都说好。唯独季布站了出来，大声喝道："樊哙当斩！当初高祖领兵四十万尚且被困平城，如今樊哙只要十万兵士想横扫匈奴，这是欺君罔上。更何况，秦朝因与匈奴不和，致使陈胜吴广起义，国家至今未能恢复，樊哙此言可谓动摇国本啊！"当时堂上诸将都为季布的进谏而担忧。结果，吕后罢朝后，再也不提出击匈奴一事。

孝文帝听说季布在河东郡守任上十分贤明，想召见他做御史大夫，但后来又听说他酗酒任性，不易亲近。季布到了京城，在旅馆住了一个月才被文帝召见。季布当即进言："我蒙受皇恩在河东担任郡守。现在皇上无缘无故召见我，一定是听了某些人对我的赞誉。但我到了京城，却没有接受任何任命又被遣回，一定是有人毁谤我。陛下因一人之赞誉和毁谤将我呼之即来挥之即去，我恐怕天下人因此得见陛下轻率多变啊。"文帝心知其意，也意识到了自己的过失，只好以河东郡乃股肱之郡，特召见郡守为由搪塞过去。

本篇传记的另一位人物栾布与季布的做法恰好相反。栾布与梁王彭越相交，后来做了梁国大夫。梁王彭越被刘邦以谋反罪诛灭三族时，栾布正出使齐国。他从齐国回来后，不顾刘邦严禁为梁王收尸的诏令，依然走到洛阳城门下，一面痛哭，一面为其祭祀。刘邦大怒，命人赶快烹炸栾布。栾布正言道："当初皇上在荥阳之战中失利，项羽之所以未能顺利西进，正是因为梁王彭越据守梁地。在当时的形势下，梁王帮楚则楚胜，帮汉则汉胜。如果没有梁王，垓下之战鹿死谁手，犹未可知。如今天下初定，彭越受封梁地，本想将其爵禄传之后世，但陛下却因彭越生病未能前往而疑心他谋反，借口一桩小事将其灭口，恐怕以后功臣们人人自危。彭越已死，您不如把我也烹杀了吧。"最终，刘邦还是放了栾布，并任命他为都尉。

相较于列传里的其他传主，这二位并非大人物，但二人所表现出来的价值观和生死观在司马迁的笔下令人动容。司马迁将此二人合传，与其说是讲季布和栾布的故事，不如说是夫子自道。联想到司马迁的个人遭遇，他因替李陵说了两句公道话而得罪了汉武帝，被处以宫刑，这种勇气与栾布为梁王收尸何其相似。面对奇耻大辱，司马迁为完成《史记》选择苟延残喘，这一选择又与季布的东躲西藏如出一辙。

所以，司马迁在文末赞赏二人的行为"虽往古烈士，何以加哉"。在司马迁看来，判断一个人是否大勇的标准并非在于他是否爱惜生命，而是看他愿意为了什么而死，又愿意为了什么而活。像季布这样为了发挥自己更大的才能而忍辱负重地活着是一种大勇；像栾布那样明知会触犯皇威，以一种士为知己者死的决绝，不顾安危，甘冒大险，同样是一种大勇。或许栾布的这句“贫困不能辱身下志，非人也；富贵不能快意，非贤也”最能体现司马迁的态度，能屈能伸方为英雄。

肆捌

好声矜贤，竟以名败；变古乱常，不死则亡

——评袁盎、晁错直言

太史公曰：袁盎虽不好学，亦善傅会，仁心为质，引义忼慨。遭孝文初立，资适逢世。时以变易，及吴楚一说[①]，说虽行哉，然复不遂。好声矜贤，竟以名败。晁错为家令[②]时，数言事不用；后擅权，多所变更。诸侯发难，不急匡救，欲报私仇，反以亡躯。语曰："变古乱常，不死则亡。"岂错等谓邪！

卷一百一·袁盎晁错列传

【注释】

① 吴楚一说：即"吴楚七国之乱"，西汉景帝时以吴

王刘濞为首的七同姓诸侯王的叛乱事件。景帝采纳御史大夫晁错建议，逐步削夺楚、赵、吴、胶西等国封邑，引发七王叛乱，史称“吴楚七国之乱”。

② 家令：官名，秦汉皆置，为太子属官，掌太子食邑、仓谷、饮食等。

【译文】太史公说：袁盎虽然不好学，但也算善于领会沟通，以仁爱之心为本，称引大义，慷慨陈词。汉文帝刚刚即位，正赶上了可以发挥才能的时机。待时局起了变化，景帝削藩，吴楚七国叛乱，他建议诛杀晁错以平众怒。他的建议虽然被采纳了，然而还是没有成功，吴楚七国并未退兵。袁盎爱惜名声以贤能自夸，最终身败名裂。晁错在做太子家令时，多次进言却不被采用；后来掌握大权后，修改了很多国家的法令。吴楚七国叛乱，晁错不急于匡正救亡，反而想报私仇，借机将袁盎打成吴王党羽，反而招来杀身之祸。俗话说：“改变古法，扰乱常规，不是身死就是逃亡。”说的不就是晁错这类人吗?

【讲评】本篇记述的是文景时期两位大臣袁盎和晁错。袁盎在汉文帝时颇为得意，景帝朝却不受重用。晁错在文帝时不得志，景帝朝却有了擅权的机会。二人下场都不好，袁盎被梁王派出的刺客杀害，晁错因袁盎的建言被景帝所杀。

袁盎是楚国人，吕后时曾做过吕禄的家臣。文帝即位后，因其兄袁哙的保举，袁盎做了中郎。袁盎最大的特点是敢于直言进谏，在朝中以少文多质的厚重长者形象示人。例如，丞相周勃因平定诸吕之乱，扶持文帝即位，文帝对他很恭谨，常常亲自送其出门，周勃对此很是得意。然而，袁盎却向文帝进谏道："绛侯并非陛下口中的社稷之臣，只能算是功臣。社稷之臣应与主上共存亡，然而当吕氏掌权，刘氏江山近乎易主时，绛侯作为主兵的太尉不能匡扶社稷。等到吕后逝世，大臣共谋反对诸吕时，绛侯因手握兵权才恰巧成功罢了。这是功臣而非社稷重臣。如今他对主上表现出骄矜之色，而您又谦虚退让，这就不合君臣之礼，因此我认为您不该对他如此恭谨。"文帝听取了袁盎的谏言，以后上朝都表现得比较威严，周勃也表现得较为敬畏。周勃为此埋怨袁盎，但袁盎不为所动。不过，等到周勃被免去相位，遭人陷害时，满朝文武只有袁盎肯替他说情，证明其无罪。周勃被释放与袁盎的出力密不可分，二人因此结为知己。

诸如此类的事情还有很多。比如袁盎劝谏文帝应削减淮南王刘长的封地以免地方诸侯作乱；又如袁盎曾当面拜伏在文帝出巡的车驾前，把深受文帝宠幸的宦官赵同赶下文帝的马车。

袁盎老成持重的性格和直言进谏的处世由此可见一斑。当然，袁盎也因此无法久居朝廷，但即便被外调担任陇西都尉，其厚重长者的作风也令士兵对其敬爱有加。

袁盎和朝中诸大臣如周勃、申屠嘉等人关系甚好，但却十分不喜欢本篇中的另一主人公晁错。但凡有晁错的地方，袁盎就转身离开。不仅袁盎如此，申屠嘉、窦婴等朝中权贵亦不喜晁错。不过，晁错对袁盎也颇不以为然，只要袁盎在场，晁错也拒绝露面。

晁错本是颍川人，从轵县张恢处学习申不害和商鞅的刑名之学，后被文帝派去济南伏生处学习《尚书》。因此，晁错不但熟谙刑名法术，对仪文礼制亦有研究。

晁错为人严峻刚直，文帝时上书建议削藩。文帝虽然没有采纳他的建议，但对其才能十分欣赏，任命其为太子舍人和太子家令。凭借非凡的辩才，晁错非常得太子即后来景帝的宠信。景帝即位后，晁错春风得意，不但屡屡请求单独面圣以此架空九卿和丞相申屠嘉，还多次更改法令。这些做法都与袁盎等厚重长者主张的简约易行的政治主张相悖，只是因景帝对其言听计从，袁盎和申屠嘉等人虽心里不满，也无可奈何。

此外，袁盎曾担任过吴国的丞相，因听从其侄袁种的建议，对吴王的骄横听之任之，得以和吴王和平相处。吴王也十分优待袁盎，多次赠其财物。景帝时，晁错任御史大夫，甫一上任便派人核查袁盎收受吴王财物的事，袁盎被降为平民。袁、晁二人矛盾也更深了。

袁、晁二人矛盾的真正爆发在于晁错削藩的建议，即削弱诸侯的封国以加强中央集权。这一建议虽得到景帝认可，但朝中如窦婴等大臣却极力反对。各地诸侯对晁错的削藩政策亦十分不满，纷纷攻击他。晁错之父闻讯，劝晁错不该一当权就削减诸侯力量，这样离间皇亲骨肉，会遭人议论。晁错义正词严道："本来就应该削减诸侯封地。不然天子不尊，社稷难安。"晁父忧心忡忡道："如此，则刘氏安稳，但我们晁家就危险了！"于是，晁父服毒自杀。在晁父死后十几天，吴楚七国就以诛杀晁错为名，起兵叛乱。

吴楚七国叛乱的消息传至京师，晁错不以为然，推断道："袁盎与吴王交好，屡次断言其不会叛乱。如今吴王叛乱，袁盎一定是知情者。"这番话被袁盎知道后，袁盎抢先一步连夜找到窦婴，请其进宫报告景帝。在获准入宫觐见后，袁盎支开旁人，单独向皇帝奏明吴王反叛主要在于晁错，只要杀了晁错，吴王自然罢兵。此时的景帝也没了主意，无奈听从了袁盎的建议，将晁错斩于东市以平息诸侯的怒气。

然而，诸侯并未因晁错已死而退兵。晁错被杀后，袁盎以太常的身份出使吴国，吴王想让袁盎统帅军队，被袁盎拒绝了。一向与袁盎交好的吴王派都尉率五百将士将袁盎团团围住，准备杀掉袁盎。所幸袁盎得到风声，连夜逃回京师，向景帝报告了使吴的情形。景帝这才放弃幻想，决心平乱。

事实上，晁错提出的削藩政策从加强中央集权的角度来说，确实没错，后来武帝时的“推恩令”便是晁错政策的延续。这一点，在晁错死后，仆射邓公看得很清楚，他向景帝分析道：“吴王有谋反之心已有几十年了，此次因削地而发怒，就以诛杀晁错为名起兵作乱，其本意并不在晁错。晁错担心诸侯过于强大，朝廷无法控制，建议削藩以尊朝廷，这本是万世之利。然计划刚施行，晁错就惨遭杀戮，此举对内堵塞忠臣之口，对外则便宜了诸侯，实在不该如此。”

“吴楚七国之乱”被平定后，袁盎被派往楚国做丞相，后被免官回家。因在景帝继承人的问题上，袁盎始终劝阻景帝不应立梁王为储君，被怀恨在心的梁王派刺客所杀。

袁盎和晁错，一者厚重老成，一者进取有为。这不仅是二人性格的不同，背后也是从文帝到景帝政治主张的变化。文帝时推崇清静无为的政治主张，统治集团以少文多质的厚重长者为主，袁盎的行事风格与此相契，因此他在文帝朝顺风顺水。随着汉朝元气恢复，朝廷渐渐想要有所作为，此时主张积极改制的晁错之流自然更受欢迎。这也是晁错削藩主张得不到文帝的支持，直到景帝时才得以施行的原因。袁盎和晁错的矛盾是主张清静无为的旧派和主张积极进取的新派之间的矛盾。

关于晁错之死，历代文人史家有不同看法。班固在《汉书》中认为晁错“锐于为国远虑，而不见身害”，“虽不终，世哀其忠”。称晁错是为国谋虑而不顾身家性命的忠臣，虽未能善终，但后世之人都会哀念他的忠心。苏轼在《晁错论》中指出晁错之死更多还是因其缺少“坚忍不拔之志”，既想献策赚得美名，又不想为天子分忧，竟建议景帝亲征，把天子置于危险的境地，这是其“自祸”的原因。司马迁在本篇中对晁错评价不高，认为他擅权，变更制度；“吴楚七国之乱”时，请景帝亲征，自己留守朝廷，即“不急匡救”；危急时刻，却欲乘机报私仇，打击袁盎，这些都是他遭杀身之祸的原因，甚至批评晁错“变古乱常，不死则亡”。这是司马迁因自身经历而讨厌法家人物的一贯态度。不过，司马迁在《孝景本纪》中将晁错的过失归结为没有循序渐进逐步削弱地方势力，这一看法较之本篇中的“变古乱常”说显得更客观些。

肆玖

不偏不党，王道荡荡

——评张释之、冯唐进谏

太史公曰：张季之言长者，守法不阿意；冯公之论将率，有味哉！有味哉！语曰：“不知其人，视其友。”二君之所称诵，可著廊庙[①]。《书》曰：“不偏不党，王道荡荡；不党不偏，王道便便。”张季、冯公近之矣。

卷一百二·张释之冯唐列传

【注释】

① 廊庙：犹言庙堂，指古代君主与大臣议政之所。

【译文】太史公说：张释之谈论长者的一番话，严守法度不曲意迎合；冯唐谈论将帅的任用，让人回味，意犹未尽！俗话说："不了解一个人的话，就看看他结交的朋友。"他们两位称颂长者将帅的话，可以标著于朝堂之上。《尚书》说："不偏私不结党，君王之道才会平坦宽广；不结党不偏私，王道才能畅然通行。"张释之和冯唐很接近这种说法了。

【讲评】本篇是张释之和冯唐的合传，二人均活跃于汉文帝一朝，且都以能言直谏闻名。

张释之，字季，最初捐官做了骑郎侍奉汉文帝，但为官十年始终未获升迁，本想辞官回家。中郎将袁盎惜才，向文帝请求将其调补为谒者。张释之一见文帝便向其陈说治国理民的政策，然而文帝对这番大道理并不感兴趣，要求张释之讲一些贴近现实的问题。于是，张释之转而就秦亡汉兴的问题发表了自己的看法，侃侃而谈之间也让文帝对他刮目相看。张释之被升为谒者仆射。

张释之最大的特点是坚持原则，敢于直言进谏。

有一次太子与梁王一同坐车入朝，经过司马门却没有下车，张释之赶紧追上去阻止太子和梁王不让他们入殿门，并弹劾太子和梁王犯不敬之罪。薄太后听说了这件事，说："是我没能很好教导儿子。"文帝摘帽谢罪，薄太后这才令使者拿着诏书赦免太子和梁王，二人才得以进殿。文帝因此对张释之另眼相看，拜为中大夫。

文帝出巡经过长安城北边的中渭桥，突然有人从桥下跑了出来，惊吓到天子坐骑。骑兵抓住此人后，送交给时任廷尉的张释之。张释之质问之下得知，此人是长安县人，听说清道戒严，便藏在了桥下。过了很久，他以为车马队伍已过，就走了出来，没想到迎面撞上皇帝的车驾，惊动了天子坐骑。张释之根据汉朝法律，判定他犯了清道戒严的禁令，仅罚了他些钱结案。文帝对这一判罚极为不满，言道："此人惊吓到了我的坐骑，如果不是我的马性情温和，训练有素，我早已受伤了。你居然只判他罚金？"张释之解释道："法律是天子与天下人共同遵守的。如今法律规定如此，加重处罚他，法律就无法再取信于民。当时陛下直接杀了他也就罢了，现在既然交给廷尉处理此事，廷尉作为朝廷的执法者，如有所偏向，那么天下使用法律就可轻可重，百姓以后面对法律会手足无措，请陛下明察。"文帝思考良久，认可了张释之的判罚。

有人偷了高祖庙中神座前的玉环，文帝大怒，逮捕此人将其移交廷尉治罪。张释之根据汉律，以偷盗宗庙服饰器物之罪上奏，判其死刑。文帝不满，说道："此人无道，居然偷盗先帝庙里的神器，我交给你处理是希望能灭其族，你却判其死罪，这不合我敬奉宗庙的本意。"张释之解释道："按照法律，这样的处罚已经足够了。斩首和灭族都是死罪，但也要按照顺逆程度分别量刑。现在偷盗宗庙器物便判灭族，那将来如有人挖了长陵的一抔土，罪行比这还要严重，陛下打算如何判罚呢？”文帝和太后商量后准许了廷尉的判罚。当时，包括条侯周亚夫和梁国丞相山都侯王恬开都对张释之持论公允大为赞赏，并与之结交。张廷尉之名为天下所知。

景帝即位后，张释之因司马门一事向景帝当面道歉。景帝虽没有责备张释之，但不久将其降为淮南王相。张释之之子张挚也因不善迎合，官至大夫后被免职，至死不仕。

本篇的另一主人公冯唐以孝闻名，官居中郎署长，侍奉汉文帝。有一次，汉文帝与冯唐闲聊，得知冯唐祖父是赵国人，后来又徙居代郡。文帝称自己是代王时常听尚食监（掌饮食之官）提及赵将李齐的贤能，以至于自己每次吃饭还念念不忘李齐作战的场景。冯唐对此不以为然道：“李齐比不上廉颇和李牧这样的将才。”面对文帝的疑惑，冯唐回忆其祖曾在赵国和李牧的交情。文帝听说李牧和廉颇的事迹后，高兴地直拍大腿，感慨自己怎么就得不到像廉颇和李牧这样的将才，不然区区匈奴何足道哉！冯唐却回以一句“陛下即使得到像廉颇和李牧这样的将才也不可能任用他们”，瞬间激怒了文帝。文帝起身回銮，过了很久才召见冯唐，责备他为什么要当众羞辱自己，冯唐回以“鄙人不知忌讳”。这件事就算过去了。

不过，当匈奴再次大举入侵汉朝边疆时，文帝又想起了冯唐的话。于是他再问冯唐：“你怎么知道我不能任用廉颇和李牧这样的将才？”冯唐解释道：“古时君王派遣将领出征，军功爵赏皆决于将军。我的祖父曾告诉我，李牧作为赵国将领屯驻边境，把军队在交易市场所得都用来犒赏兵士，朝廷对此从不干预，李牧才能竭尽所能，依靠兵车一千三百乘，骑兵一万三千人和十万精兵北逐匈奴，大破东胡，歼灭澹林，西抵强秦，南拒韩、魏。如果不是后来赵王迁听信郭开谗言，杀了李牧，改任颜聚，那么赵国几乎都快称霸了。如今我听说魏尚做云中郡守，他的做法和李牧类似，把军市租税用来犒赏士兵，还拿出自己的钱财宴请宾客、军官和家属。因此匈奴远避，不敢侵犯。然而，有一次匈奴入侵，魏尚率军出击，杀敌众多。向官府上报战绩时，士兵仅因所报杀敌数与记录稍有不合，官员就要用法律来惩罚他们。云中郡守魏尚仅因自己上报的杀敌数与实际相差六个首级，被削去爵位，罚以一年苦役。陛下法令太严，赏赐太轻而刑罚太重。纵使陛下得到李牧和廉颇这样的贤将，也不可能重用他们。”文帝听后大悦，当天就令冯唐拿着符节赦免了魏尚，重新任命其为云中郡守，拜冯唐为车骑都尉，统领中尉和郡国的车骑和兵士。

冯唐在文帝之后无太多表现。景帝时，他被迁为楚国丞相，不久被免职。武帝时大举贤良，冯唐此时已年过九十，无法再出来做官。后人常将冯唐与李广并举，有“冯唐易老，李广难封”的说法，感慨冯唐即便有能力做官，也因年纪太大，力不从心，不得不作罢。

司马迁对张释之和冯唐坚持原则和直言进谏的品质赞赏有加，认为不偏私不结党，王道才可行。张、冯二人都是文帝一朝的官员，景帝时相继受到冷落。究其原因，主要在于汉文帝尚清静无为从谏如流，给予臣子相当的空间，这也是司马迁赞赏文帝的地方。从景帝开始，渐崇尚进取有为，诸如冯唐推崇的“将在外，军令有所不受”的边境政策明显与后来“将从中御”的中央集权相悖，冯唐的冷遇也就不奇怪了。

伍拾

讷于言而敏于行

——评石奋、张欧恭谨

太史公曰：仲尼[①]有言曰“君子欲讷于言而敏于行”，其万石、建陵、张叔之谓邪？是以其教不肃而成，不严而治。塞侯微巧，而周文处谄，君子讥之，为其近于佞也。然斯可谓笃行君子[②]矣！

卷一百三·万石张叔列传

【注释】

① 仲尼：即孔子，孔子字仲尼。

② 笃行君子：笃，忠诚、厚道，指行为敦厚的人。

【译文】太史公说：孔子曾说过“君子在言语上要木讷但做事上要敏捷”，这句话说的就是万石君、建陵侯和张叔吧？因此他们做事虽然不严峻不急躁，但总能把事情做好。塞侯直不疑稍微有些投机取巧，而周文又以逢迎谄媚为事，正人君子都讥讽他们，认为他们行为近乎奸佞。但他们其实也可以算是行为敦厚的君子了！

【讲评】本篇是万石君石奋、建陵侯卫绾、塞侯直不疑、周文和张叔五人的合传。名为合传，叙事依然有所侧重。其中，万石君石奋的篇幅最大。所谓万石，指的是石奋及其四个儿子石建、石庆等人，每人都官至二千石，总其全家俸禄之和，故称“万石”，石奋也因此名为“万石君”。

石奋，赵国人，本是一名小官。汉高祖刘邦东击项羽时，经过河内，十五岁的石奋得以侍奉高祖。刘邦喜其恭敬有礼，对石奋格外照顾，召他的姐姐进宫做美人，任命他做中涓官，处理文书和大臣进谒事宜。文帝时，石奋升至大中大夫，虽不通文学，但论恭敬谨慎，无人能及，文帝对他一直十分信任。文帝时，东阳侯张相如被免去太子太傅之职，因众人之荐，石奋接替张相如，任太子太傅。景帝时，石奋官至九卿，因其人实在过于拘谨，将其改迁为诸侯相。石奋的四个儿子石建、石庆等人也继承了他谨慎温驯的特点，仕途顺利，都官至二千石。景帝称赞石家“人臣尊崇乃集其门”。

司马迁对万石君石奋的恭谨有多处描写，例如石奋经过宫城门阙时必下车快步行走，看见皇帝的车驾一定行礼如仪。子孙回家时，石奋必穿官服相见，且不直呼其名。子孙有过失，石奋也不责备他们，只是设下便座，对着几案不吃东西。直到大家责备犯错的人，犯错者再通过族中长老的请求，袒露上身请罪改过，石奋才算答应。成年的子孙在石奋身边时，即便闲坐也得戴好帽子，表现得整齐严肃。皇帝有时赏赐食物，石奋一定叩头俯伏而食。为双亲服丧，石奋表现出极其悲痛的样子。诸如此类的行为不一而足，石奋一家以孝谨闻名，深得皇帝赏识。

石奋的子孙继承了石奋驯行孝谨的家风。例如长子石建，时人公认其在石奋子孙中最为孝顺。他做了郎中令后，每五天就要回家探望父亲石奋，并且亲自为其洗刷内衣和便盆。石建向皇帝进谏时，如果身旁无人，便畅所欲言。如果在朝堂上觐见，石建便默不作声以示对皇帝的尊敬，皇帝对此很是受用。有一次石建写奏章，发现奏章上的“马”字少了一笔，诚惶诚恐，生怕被皇帝怪罪。最为随便大意的小儿子石庆，做事也极为谨慎。有一次皇帝出行，问身边的太仆石庆，驾车的马有几匹。石庆用马鞭仔细数了一遍，才确认共有六匹。这一家的行事风格由此可见一斑。

文中提到的另外几位传主，如卫绾，本是代国大陵人，因驾车技巧高超被任命为郎官，后因功升迁为中郎将。卫绾性格醇谨，深受汉文帝信任，临终前还叮嘱景帝要好好待卫绾。景帝有一次要赏赐卫绾一把剑，卫绾以先帝已赐六把剑为由，拒绝了景帝的赏赐。景帝很好奇，问道："人人都喜欢剑，因此常把它拿来交易，难道唯独你把剑保存至今？"卫绾把六把剑取来请景帝过目，果然剑在鞘中，未曾用过。景帝因此更加尊重和宠信卫绾。

塞侯直不疑与卫绾一样，也以郎官侍奉文帝。有一次，同舍有人误拿了别人的金子告假回家。金子的主人以为是直不疑偷了，直不疑未做任何解释，向他道歉，并买了金子偿还给他。直到告假的人回来归还金子，那位丢了金子的郎官才知道错怪了直不疑，感到很惭愧。"吴楚七国之乱"时，直不疑率军讨伐，因其平定有功，被封塞侯。直不疑主学老子，为官轻易不改变政策，又不好立名，被人称为长者。

郎中令周仁为人缜密稳重，不会泄露别人的谈话，景帝对其十分信任。景帝在后宫中与嫔妃嬉戏也毫不避讳周仁。

御史大夫张欧也是一位忠厚长者。他研究法家刑名之说，但在其担任御史大夫一职时，始终也没惩治过谁。张欧向上呈报狱案，能退回再审的一定退回再审，实在不能退回复审，张欧也流着泪把文书封上，可谓仁人长者。

本篇传主的共同特点是为人处世小心谨慎，工作勤勤恳恳。虽大多数没有高明的见解，但对皇帝都忠心耿耿，惟命是从。

尽管能力上略显平庸，但都能以高官厚禄善终。例如石庆，司马迁称其“文深审谨，然无他大略，为百姓言”。石庆作为一名官员既无才略，也不为百姓说话，仅仅因谨慎小心官至二千石，这与淮阴侯韩信、飞将军李广这些极具才干、颇有个性但不得善终的人形成了鲜明对比。

石庆、卫绾等人真正活跃的时期主要在文帝和景帝两朝。是时，汉朝奉行黄老之术，主张安静无为，与民休息。即便在武帝初期的建元二年，皇太后还因王臧以文学获罪，认为儒生文多质少，赞扬万石君的躬行之风。因此，像万石君等人温厚恭谨的处世方式颇得当时统治阶层的赏识。等到武帝真正掌权后，汉朝对外南诛两越，东击朝鲜，北逐匈奴，西伐大宛，对内则巡狩海内，兴礼乐，行封禅，奉行中央集权的有为之策。此时桑弘羊、王温舒等主张集权和严刑峻法以树立中央权威的官员大行其道，而石庆、卫绾、直不疑和周仁等人都成了武帝肃清的对象，他们受到冷落，最终去官还乡。司马迁赞同一定程度的有为之政，但对严刑峻法和穷兵黩武深恶痛绝。本篇的主人公如石奋等人有时谨慎到甚至给人以迂腐之感，但司马迁依然称其为“讷于言而敏于行”的君子。这其实是对文景之治的怀念，更是借此批评武帝好大喜功、与民争利的政策。

伍壹

争技发难，卒亡其本；亲越谋宗，竟以夷陨

——评吴王濞身死国除

太史公曰：吴王之王，由父省[①]也。能薄赋敛，使其众，以擅山海利。逆乱之萌，自其子兴。争技发难，卒亡其本；亲越[②]谋宗，竟以夷陨。晁错为国远虑，祸反近身。袁盎权说，初宠后辱。故古者诸侯地不过百里，山海不以封。"毋亲夷狄，以疏其属"，盖谓吴邪？"毋为权首，反受其咎"，岂盎、错邪？

卷一百六·吴王濞列传

【注释】

① 省：撤销，废止，此处指吴王的父亲被贬黜。

② 越：古代对南部和东南部各民族的统称。

【译文】太史公说：吴王之所以能封王，是由于他父亲被贬谪的缘故。他实行轻徭薄赋，减轻老百姓的负担，同时又能役使民众，占尽拥有山海的好处。萌生叛乱的念头，是从他儿子被杀开始的。由于下棋的小事而叛乱，最终丢了身家性命；勾结少数民族，图谋颠覆自己的宗主，最终遭到灭亡。晁错为国家长远考虑，反遭杀身之祸。袁盎凭借狡诈、诡辩的言辞，起初还受景帝宠信，最后还是受辱。所以古时候诸侯的封地不超过百里，也不分封山海。《逸周书》上说：“不要亲近其他民族以至于疏远了自己的亲属。”说的大概就是吴王吧。“不要当挑头的变革者，否则会招来横祸”，说的难道不是袁盎、晁错吗？

【讲评】本篇记述的是吴王刘濞从封王到身死国灭的一生。吴王濞是汉景帝时“吴楚七国之乱”的始作俑者，司马迁在本篇中通过他的一生详尽地描写了“吴楚七国之乱”发生的全过程。这对于了解汉初皇室内部政治矛盾以及朝廷政策的转变都有极大价值。

吴王刘濞是汉高祖刘邦之兄刘仲的儿子。刘邦建立汉朝后，封刘仲为代王，但刘仲因未能抵御匈奴人围攻代国，被贬为侯爵。高祖十一年，刘仲之子刘濞因平叛英布有功，刘邦出于补偿其兄刘仲的考虑，将时年二十岁的刘濞封为吴王以震慑强悍的吴地人。刘邦见到刘濞后，观其面有反相而略感后悔，但只是口头警告一番，还是把富庶的吴国封给了刘濞。

吴国享有东南富庶之地，既有豫章郡的铜山，又可煮海水制盐，渐渐成为诸侯中最为富裕和强大的封国。文帝时，吴王之子进京陪皇太子饮酒游戏。在一次对弈中，二人因棋路发生争执，素来娇惯的吴太子态度不恭，被皇太子即后来的景帝随手拿起棋盘误打致死。这成了吴王濞和汉廷嫌隙的开始。吴太子死后，吴王濞拒绝接受遗体以示不满，声称既然吴太子死在长安，就埋在长安好了，何必再送回吴国。吴王也因此渐渐疏远朝廷，常借口生病不入朝，暗地里开始准备谋反事宜。朝廷对此非常不满，拘囚审问所有吴国使者。文帝责问使者，使者回答道:“吴王确实没有生病，朝廷惩治我们这些使者，所以称病不敢朝见。古语云‘把渊中的鱼看得很清楚，是不祥的征兆’。最初，吴王是装病，等到被陛下发觉了，受到严厉谴责时，就只好越发装病。因为怕皇上所杀，只好想那种靠不住的办法了。请求陛下弃其前愆，和他开启一种新的关系。”文帝接受了使者建议，释放了所有吴国使者，对吴王施以怀柔，赏赐其几案与手杖，准其不朝。吴王见状，也打消了谋反的念头。

吴国此后四十年间因铜盐之利，实力更为强大，吴王收买人心，越发强横了。

景帝即位后，接受晁错建议，着手削藩。景帝三年冬，晁错借口楚王在为薄太后服丧时犯奸淫罪，削去了他的东海郡。同时，吴王的豫章和会稽两郡、赵王的河间郡和胶西王的六个县也以相似理由先后被汉廷收回。一时间，诸侯们人心惶惶。吴王与胶西王密谋，决定起兵反叛。吴王起兵后，胶西、胶东、菑川、济南、楚和赵六国纷纷响应。吴王与南越交结，赵王暗中联合匈奴，七国诸侯将矛头直指晁错和朝廷。

景帝得知七国反叛后，一面派太尉条侯周亚夫、曲周侯郦寄、将军栾布和大将军窦婴平叛，一面与袁盎等人商议对策。袁盎起初认为吴王虽坐拥铜、盐之利，但不过是一群乌合之众。他们因不满晁错的削藩之策才起兵，那么杀了晁错，再恢复七王封地，即可平息此事。景帝沉默良久，最终决定“不爱一人以谢天下”。晁错死后，七国联军依然没有退兵，景帝这才下定决心平叛（事见《袁盎晁错列传》）。因吴王刚愎自用，加之联军内部不和，各有各的算盘，仅三个月的时间就被击溃。

伍贰

迁怒及人，命亦不延

——评窦婴、田蚡斗法

太史公曰：魏其、武安皆以外戚[①]重，灌夫[②]用一时决策而名显。魏其之举以吴楚，武安之贵在日月之际。然魏其诚不知时变，灌夫无术而不逊，两人相翼，乃成祸乱。武安负贵而好权，杯酒责望，陷彼两贤。呜呼哀哉！迁怒及人，命亦不延。众庶不载，竟被恶言。呜呼哀哉！祸所从来矣！

卷一百七·魏其武安侯列传

【注释】

① 外戚：也称外家，指帝王母族、妻族的亲戚。

② 灌夫：西汉颍阴人（今河南许昌），武帝时历任淮阳太守、太仆、燕相。后犯法免官，家居长安。与魏其侯窦婴相互倚重，得罪丞相田蚡，终被处死。

【译文】太史公说：魏其侯窦婴和武安侯田蚡都是以外戚身份身居要职，灌夫因一时的冒险决策而声名显赫。魏其侯被重用，是因为他平定了“吴楚七国之乱”；武安侯显贵，则是靠与太后的关系。然而，魏其侯实在是不识时务，灌夫不知如何为人处世、为人又不谦逊，两人互为羽翼，终酿成大祸。武安侯仗着自己显贵的地位而玩弄权术，因为杯酒之间的一点嫌隙而引起对人的怨恨，陷害了两位贤人。哎，迁怒于人，自己的性命也保不住。如果自己不受人爱戴，终究还是会被人找到口实的。哎，这就是灾祸的根源啊！

【讲评】本篇是窦婴和田蚡二人的合传。因窦婴被封为魏其侯，田蚡被封为武安侯，所以本传以“魏其武安侯”为名。

窦婴和田蚡都是外戚。窦婴是汉文帝正室窦皇后的侄子。文帝时，窦婴任吴国丞相。景帝甫一即位，窦婴被任命为詹事。不过，由于窦婴极力反对景帝将皇位传给窦太后中意的小儿子梁孝王，窦太后并不待见他。窦婴在平定“吴楚七国之乱”时立下战功，被景帝封为魏其侯，一跃成为朝廷重臣，地位甚至与条侯周亚夫相当。

魏其侯窦婴显赫时，本篇的另一主人公田蚡还只是郎官。彼时的田蚡往来于窦婴府中，陪从窦婴喝酒，时跪时起，态度十分恭敬。田蚡是汉景帝第二任皇后王氏同母异父的弟弟，即武帝的舅舅。景帝晚年时，田蚡逐渐显贵，被任命为太中大夫。武帝即位后，因年幼，由母亲王太后摄政。太后十分信任田蚡，当时安抚政局的一系列措施都由田蚡及其宾客谋划，田蚡因此被封为武安侯。

窦婴和田蚡都贵为侯爵，但窦婴有窦太皇太后作靠山，且历文、景两朝，权势甚大，根基牢固。反观田蚡，虽为新贵，但此时朝政的主导者并非王太后而是窦太皇太后，田蚡自然不得势。建元元年，丞相卫绾因病被免，田蚡听从籍福的建议，将丞相之位让给了魏其侯窦婴，自己担任并不掌实权的太尉一职以避窦婴锋芒。

建元六年，窦太皇太后去世，窦婴渐被皇帝疏远。田蚡被武帝任命为丞相，势力越来越大。

二者势力的此消彼长渐渐令彼此的心态产生了变化。田蚡因皇帝的宠信越发骄横。每次进宫奏事，田蚡一坐就是大半天。他推荐的人，武帝也照单全收。田蚡宅邸之豪华，远超所有贵族，府内古玩陈设、妻妾、珍宝更是不计其数。直到有一次他向武帝请求把考工室的土地拿来扩建自己的宅邸，武帝生气道："怎么不把我的武库也拿去呢？"田蚡这才收敛了一点。反观窦婴，因不受重用，宾客们纷纷离去。只有灌夫一如既往地与窦婴交好，窦婴对灌夫也格外优待。

灌夫，颍阴人，因其父张孟任颍阴侯灌婴的舍人时，深受灌婴信任，因此改姓灌。"吴楚七国之乱"时，灌夫作战勇猛。其父战死吴营，按照军法灌夫可护送其父遗体回乡，但灌夫却选择率军杀入吴营为父报仇，被封为中郎将。灌夫为人刚直，不喜阿谀奉承。面对比自己尊贵的皇亲国戚，灌夫想方设法羞辱他们，但面对地位不如自己的士人时，不好学问的灌夫又表现得十分恭敬、平等相待。如此任侠使气的脾气性格，一方面使他结交了许多豪杰巨猾，累财千万；另一方面又使他几次任官，但终又丢官，渐渐失去权势。窦婴和灌夫，两个权力场上的失意人走到了一起。

灌夫在服丧期间曾去拜访丞相田蚡，田蚡随口说："可惜你还在服丧，不然我想和你一起去拜会魏其侯。"灌夫听闻此言，认为这是一个结交贵戚的好机会，于是立马应承下来，并表示自己会去告知魏其侯窦婴。田蚡也答应第二天登门拜访。窦婴闻知此事后，亦不敢怠慢，毕竟对方是权倾朝野的丞相，也是武帝的舅舅。窦婴和夫人买了很多酒肉，半夜起来打扫卫生一直到清晨。结果，窦婴和灌夫等到中午都不见田蚡踪影。灌夫一怒之下冲到田蚡家，发现他竟然还在睡觉。原来田蚡前一日不过是随口一说，并未将此事放在心上，但田蚡见窦婴如此用心，不去确实失礼，于是便慢腾腾地驾车前往。耿直的灌夫见状怒不可遏，在席间顶撞丞相，窦婴及时劝阻并向田蚡道歉，这才没有酿成大祸。

后来，田蚡要求窦婴将城南田地转让给他，窦婴不愿意，认为这是田蚡仗势欺人。灌夫也为窦婴打抱不平，把前来游说的籍福大骂一通。田蚡得知此事后，亦觉受辱，认为自己曾救过犯了杀人罪的窦婴之子，从前侍奉窦婴亦无事不依，如今窦婴连几块地都舍不得。更何况，此事与灌夫何干，要他多管闲事？田蚡因此与窦婴和灌夫结下了仇。

田蚡检举灌夫在颍川横行霸道，欺压百姓，要求皇帝法办灌夫；而灌夫亦以田蚡与淮南王相勾结，收受淮南王贿赂一事做要挟。尽管二人最终握手言和，但彼此敌意已起，终因灌夫在田蚡的宴席上骂座，引爆矛盾。

元光四年夏，丞相田蚡娶燕王女儿为妻，太后下令列侯及宗室都要前往道喜，窦婴也拉着灌夫一同赴宴。田蚡给座上宾客敬酒时，大家纷纷离席以示尊敬。然而，等到窦婴给之前的朋友敬酒时，因为其失势，只有少数老朋友离席，其余半数人都不回礼。轮到灌夫敬酒时，田蚡不顾灌夫请求，不肯喝满杯。灌夫本就因众人不给窦婴和自己面子憋了一肚子火，看到临汝侯灌贤面对自己的敬酒，竟不以为事，和将军程不识说悄悄话，丝毫不把自己放在眼里。灌夫终于忍不住大骂灌贤道：“平时你诋毁程不识不值一钱，现在长辈给你敬酒，你倒像妇人一样和程不识讲悄悄话！”灌夫这一句话一下子得罪了两个人，作为主人的田蚡居间调停，劝其说话留点余地，程不识是长乐卫尉，与未央卫尉李广齐名，如此诋毁程不识，岂不是也让李广面上无光。田蚡不劝还好，这一劝反倒激起了灌夫的愤恨。灌夫怒道：“要杀要剐随你便，我才不管什么程将军、李将军。”眼见局面不可收拾，田蚡顺势命兵士扣押灌夫，并弹劾灌夫，将其拘禁在传舍。田蚡紧接着追查灌夫以前的不法行为，派遣差吏分头追捕灌氏族人，按弃市罪论处。

魏其侯窦婴为营救灌夫，先是上书武帝，申言灌夫罪不至死。东宫廷辩时，田蚡诬陷窦婴和灌夫有不臣之谋；窦婴极力攻击田蚡，揭其短处，和田蚡撕破脸皮。因二人都是外戚，武帝不便当廷处理，此事不了了之。后来御史奉武帝之命，核查灌夫案卷时发现窦婴所言多不合事实，有欺君之行，窦婴被弹劾入狱。窦婴眼见灌夫有灭顶之灾，如今自己又身陷囹圄，情急之下让侄子上书武帝，说明自己曾得先皇遗诏，允许自己如事有不便，可利用方便条件向皇帝报告。然而，核查大内档案，并无景帝的这份遗诏，窦婴手上的这份遗诏也只有家丞的封印。这下坐实了窦婴的欺君之行，理当问斩。元光五年十月，灌夫及其家属被全部处决。窦婴得知后，得了中风，本想绝食寻死，但得知武帝并无杀他之心后，又恢复了饮食。就在窦婴以为绝处逢生时，又有关于窦婴的流言恶语传到武帝的耳朵里。终在当年十二月三十日，魏其侯窦婴被判处在渭城斩首示众。

灌夫和窦婴死后，武安侯田蚡也生病了，他在病中不停大喊自己有罪。据说巫师看到魏其侯窦婴和灌夫守在田蚡身旁想要杀他。田蚡不久也忧惧而死。

伍叁

桃李不言，下自成蹊

——评李广德业

太史公曰：传曰[①]：“其身正，不令而行；其身不正，虽令不从。”其李将军之谓也？余睹李将军悛悛如鄙人，口不能道辞。及死之日，天下知与不知，皆为尽哀。彼其忠实心诚信于士大夫也。谚曰：“桃李不言，下自成蹊。”此言虽小，可以喻大也。

卷一百九·李将军列传

【注释】

① 传曰：《史记》中的“传曰”，一般指《论语》《礼记》《荀子》等儒家典籍。

【译文】太史公说:《论语》有云:"在上位的人如果自身行为端正,即便不命令别人,别人也会好好做事;如果自身行为不端正,即便号令别人,别人也未必会听他的。"这说的不就是李广将军这样的人吗?我目睹李将军忠厚笃实得像一个乡下人,话也不是很会说。他死的那天,天下不管知道他事迹还是不知道他事迹的人,都为他感到痛心。这正是因为他的忠诚老实而获得了大家的信任。谚语有云:"桃树李树不会说话,但树下却自然而然被人踩出一条小路。"这话虽浅,但却可以用来说明大道理啊。

【讲评】本篇记述了汉代名将李广的史事。《李将军列传》是《史记》中的名篇,著名的"桃李不言,下自成蹊"一语出自此篇。

李广出身陇西李氏将门。李广戎马一生,打过大小七十余仗,战功卓著,历文帝、景帝、武帝三朝。然而,李广终身不得志,因不愿面对刀笔小吏的羞辱而选择自杀。

在司马迁的笔下,李广的一生充满了悲剧色彩,其遭遇引发了后世无数文人的慨叹。如王勃在《滕王阁序》里感慨"冯唐易老,李广难封",惋惜李广一生不能封侯;诗人王维《老将行》中有"卫青不败由天幸,李广无功缘数奇"的诗句,表达对李广身世的同情；王昌龄《出塞》一诗中“但使龙城飞将在，不教胡马度阴山”，更是对飞将军李广军事才能的肯定。

李广一生大起大落，其人生经历确实可谓精彩。他在文帝时期曾从军抵御匈奴，立下战功，得到汉文帝的赞赏。汉文帝甚至感慨李广生不逢时，倘若生在高祖时，封万户侯都不足以体现李广的功绩。景帝时期，李广追随太尉周亚夫，助其平定“吴楚七国之乱”。同时代的公孙昆邪称李广才气“天下无双”，对手匈奴人号其曰“汉之飞将军”，可见时人对李广十分敬佩。

关于李广一生的记载更多的不在于他的战功，而是许多个人传奇故事。比如，李广有一次带了一百名骑兵追杀匈奴的三个射雕手，不想在回营的路上遇到了千余匈奴兵，这时李广灵机一动，要求所有人下马解鞍，原地休息，假装是汉军在诱敌深入，骗过了匈奴人，顺利回到军营。又比如，有一次在雁门与匈奴交战，李广被匈奴人生擒准备带回军营，这时李广趁匈奴人不备，抢上一匹马，一路边逃边与匈奴人交战，顺利逃回汉军军营，过程可谓惊心动魄。像这样传奇的例子还有很多，如他能一箭射进石头；带兵打仗不讲军纪军规，只有当敌人在自己面前几十步的距离内才射箭杀敌；等等。这种极具个人风格的将领，相比于当时程不识等讲求严明军纪的将领，自然更容易受到士兵们的追捧与拥戴。

由上我们大体可以看出，李广本人确实非常有个人魅力。

他不但英勇善战，而且有谋略有情义，身先士卒，与士兵同甘共苦，深受士兵爱戴。作为将领，很多事情亲力亲为。他常常孤军深入，也因此有很多失败的战役，即便时有胜利，往往也是在千钧一发之际，让人提心吊胆。同时代的程不识治军严明，士兵苦不堪言，但也更令人放心，终成一代名将，景帝时升任太中大夫，仕途颇为顺利。

李广这些极具个人魅力的行为在汉武帝眼里成了不守规矩的表现。李广出人意料的举动使武帝对他一直颇不信任。加之时势转变，文帝、景帝时对匈奴基本采取防御战策略，这是李广擅长的打仗方式。武帝时对匈奴采取主动出击，这并非李广的强项。卫青、霍去病等人的出现，使李广的价值大打折扣。李广晚年多次请求跟随大将军卫青出击匈奴，武帝都未允许。

元狩四年时，李广得到武帝允许担任前将军，跟随卫青出战。但卫青一方面接受了武帝的诫谕，不让李广正面迎敌；另一方面也希望自己的亲信公孙敖能戴罪立功。因此，卫青故意让李广绕远路，走东道，致使李广部队迷路失期。按照军令当受罚。李广坦言，属下无罪，是自己迷路，甘愿受罚。回到军营后，李广对麾下众将士说：“我李广自结发至今，与匈奴交战七十余次，这次有幸随大将军出击匈奴，大将军却让我率部绕远路，中途又迷失方向，看来是老天不让我立功封侯。况且如今我已六十多岁，怎能以将军的身份受那些刀笔小吏之辱！”

说罢，引刀自刎。李广死后，全军恸哭。百姓听说李广死讯，无不为其垂涕。

李广有三子，李当户、李椒和李敢。李当户和李椒去世较早，但李当户有遗腹子名曰李陵，长大后也是一员猛将。天汉二年秋，贰师将军李广利率三万骑兵攻击匈奴右贤王，李陵率弓手和步兵五千人分击匈奴，不料被八万人匈奴围击。李陵连战八日也没能等到李广利的救援。无奈之下，只好投降。单于爱才，素闻陇西李氏将门名声，将女儿嫁给了李陵。消息传回朝廷，武帝震怒，虽知道征匈奴失利，作为将领的李广利应负主责，但李广利是汉武帝宠姬李夫人的哥哥，终未受罚。武帝杀了李陵的母亲、妻子和孩子以泄愤。司马迁与李陵素有交往，深知除非万不得已李陵不会投降，为李陵辩护了几句，激怒了武帝，被投入大牢，又因无钱赎身被迫接受宫刑。至此，朝廷再无人敢为李家说情，李氏家族因此身败名裂，陇西之士皆以此为耻。

司马迁对李广这一人物悲剧性的一生充满了无限的同情与理解，司马迁本人也因为李陵辩护彻底改变了人生。本篇读来荡气回肠，这固然是因为李广一生太过坎坷，但其中也有司马迁本人的夫子自道。后世文人对李广寄予的无限怀念，恐怕也有这个因素在起作用。

总而言之，司马迁笔下的李广是一个充满悲剧色彩但同时鲜活可爱的人，其一生经历也足以令人回味。

伍肆

欲兴圣统，唯在择任将相

——评汉匈关系

太史公曰：孔氏著《春秋》[①]，隐桓[②]之间则章，至定哀[③]之际则微，为其切当世之文而罔褒，忌讳之辞也。世俗之言匈奴者，患其徼一时之权，而务谄纳其说，以便偏指，不参彼己；将率席中国广大，气奋，人主因以决策，是以建功不深。尧虽贤，兴事业不成，得禹而九州宁。且欲兴圣统，唯在择任将相哉！唯在择任将相哉！

卷一百十·匈奴列传

【注释】

①《春秋》：书名。春秋末期，孔子根据鲁国史官编

写的《鲁春秋》，并参考周王室及各诸侯国史官的记载修成，是现存最早的编年史。西汉以后，被儒家奉为经典，列为五经之一。后人以此书记事所包括的时代，称为春秋时代。

② 隐桓：指鲁隐公、鲁桓公。

③ 定哀：指鲁定公、鲁哀公。

【译文】太史公说：孔子著《春秋》，对于鲁隐公和鲁桓公时期的事情说得很明白，到了鲁定公和鲁哀公时就写得很隐晦含蓄，因为切近当代政治就不加以褒贬，以为尊者讳，为长者讳。主张对匈奴用兵的人，都想借此侥幸获得一时的权势，进献谄媚迎合之言，以求实现其偏颇的主张，而不考虑汉匈之间的实际情况；将帅们对付匈奴只是依靠中原广阔的土地，逞一时的意气，天子依靠这些人做出决策，所以建立的功业不够深广。尧虽然贤能，靠自己的力量仍有许多事情没办好，直到得到禹之后，才安定九州。所以，要想建立理想的圣王政治，关键在于选用将相！

【讲评】本篇记述的是中国北方游牧民族——匈奴的发展历史。有汉一代，匈奴始终是汉廷最大的外部困扰。尤其在汉代中前期，对匈奴政策的变化也是汉廷内政变化的反映。早在春秋战国时，匈奴的活动就一直影响着中原各国的发展。历史上匈奴活动最频繁的时期在汉代，汉匈之间的战争从高祖始，至武帝时达到高峰。司马迁在本篇中历数了匈奴从上古到汉的活动，但重点在汉代。《史记》中亦有多篇述及汉匈关系，例如《匈奴列传》之后的《卫将军骠骑列传》和《平津侯主父列传》等，诸篇合观方能看清汉匈关系的变化。

相传匈奴的祖先是夏后氏的后代，叫做淳维。在唐尧和虞舜以前，匈奴也被称为山戎、猃狁和荤粥，他们生活在华夏族统治区域的北部边境。匈奴是一个游牧民族，畜养马、牛、羊、骆驼、驴和骡等。匈奴逐水草而居，无固定居所，从小学习骑射，长大后以射猎为业。因匈奴以攻战为事，年老体弱无力战斗者往往要将食物让给壮健的年轻人，以保证部族整体的战斗力。此外，匈奴内部实行收继婚，即丈夫死后，妻子要嫁给丈夫的儿子或兄弟。这种行为，实际是为了保证有足够的子孙后代。匈奴未发展出成熟的文字系统，但为了维持部族的生存，同样有一套发达高效的组织系统。匈奴由上至下设有左右贤王、左右谷蠡王、左右大将、左右大都尉、左右大当户和左右骨都侯。其中左右贤王与左右谷蠡王最大，左右骨都侯为辅政。左右贤王以下至当户，共二十四位首领，大者拥兵数万，小者亦有数千，号称“万骑”。二十四位首领亦各自设置千长、百长、什长、裨小王、相封、都尉、当户和且渠这些属官。依靠这套上下相维的组织系统，加之善骑射且作战勇敢，匈奴从先秦以来就是与中原各国相平齐的另一种文明形态，是影响中原各国发展的重要力量。例如西周末年，周幽王宠幸褒姒，为立褒姒为后，不惜废申侯之女，与申侯结仇。申侯一怒之下与犬戎（匈奴古称）联合在骊山之下攻杀了周幽王。幽王死后，继位的平王东迁，从此开始了东周的历史。东周时，周襄王攻打郑国，为了获得戎狄支持，特意与戎狄联姻，娶了戎狄君主的女儿为妻。后来襄王废了狄后，此事被襄王的后母惠后利用，惠后联合戎狄，里应外合，赶跑了周襄王。周襄王居外四年后得以回銮，则得益于晋文公助其驱逐戎狄。从周襄王的往返奔逃中不难看出，匈奴已经成为影响当时周王室兴衰的重要外部因素。汉代前期韩王信等人联合匈奴以抗汉廷也是效法申侯与惠后的做法。

匈奴在先秦诸侯中的影响远不止于此。赵武灵王在赵国推行胡服骑射是效仿匈奴改穿胡服，学习骑马射箭以强大赵国。秦昭王时，秦国宣太后甚至与义渠戎王私通，诞下二子。《诗经》中对匈奴就有“戎狄是应，荆舒是惩”“薄伐猃狁，至于大原”等描写。这些描写站在中原诸侯国的立场认为匈奴野蛮，与中原文明格格不入，要征服他们，这也间接说明匈奴在中原的活动早在先秦时就已颇为频繁。战国时，为了抵御匈奴，赵、燕等国开始修筑长城以为防御。秦始皇修长城，其中一部分就以战国时期诸侯各国已经建好的长城为基础。

尽管匈奴对先秦各国影响颇大，但从匈奴内部来看，先秦时的匈奴尚未臻于鼎盛。聚居在各地的匈奴部族有一百多个，散漫而无统属，无法形成合力，所以秦灭六国统一天下后，便可集中力量将河套一带悉数收回，并沿黄河修筑要塞以御匈奴。不过，随着秦亡，天下大乱，边关防御渐渐松懈，匈奴又卷土重来。而此时匈奴也迎来了其历史上最重要的首领冒顿单于。在他的带领下，匈奴各部落第一次实现统一。

冒顿是老单于头曼的太子，照理可以继承头曼单于的王位。但是，头曼单于因偏爱阏氏，想改立阏氏所生的儿子为太子。为此，头曼单于不惜将冒顿送往月氏做人质，待冒顿到达月氏后就下令急攻月氏，借月氏之手除掉冒顿。冒顿从月氏那里偷了一匹好马逃回了匈奴。头曼因此认为冒顿勇武，令他率领万骑。冒顿制作了一种响箭作为号令训练其部下骑射。冒顿下令道：“凡是响箭所射而不从者，杀无赦！”为测试部下的忠心，冒顿先是射猎鸟兽，如有不跟着一起射猎的部下，冒顿立马将其斩杀。后来，冒顿又将响箭射向自己的爱妻，左右有不敢射杀冒顿之妻者，冒顿也把他们杀了。自此之后，冒顿响箭所指，左右无不遵从。最终，在一次和父亲头曼单于打猎的过程中，冒顿将响箭射向头曼，左右随即射杀头曼单于，并连带着把冒顿的后母和弟弟一起杀掉。冒顿如愿以偿成为了单于。

冒顿凭借心狠手辣登上王位，但面对东胡的挑衅，他又能忍辱负重。当时东胡强盛，听说冒顿杀父自立后，东胡派使者前来索求头曼生前的坐骑。冒顿的左右大臣都不同意将一匹千里马送给东胡，唯独冒顿不以为意。东胡在得到宝马后，以为冒顿畏惧东胡，又要求得到冒顿的一位阏氏。左右大臣更加愤怒，纷纷请求出兵攻打东胡。然而，冒顿又依言照做，将自己的一位妻子送给了东胡。接连得手后的东胡越发骄狂，又开口索要东胡和匈奴之间千余里的荒地，勒令匈奴不可擅自占领。土地是国家根本，这次冒顿不再退让，不但把主张献地的大臣统统处死，还下令率军攻打东胡。东胡未料到一向示弱的冒顿竟发兵袭击自己，疏于防备，被匈奴一战击溃。冒顿乘胜向西赶走了月氏，向南吞并了楼烦和白羊河南王，一举收复了被秦国夺去的河南一带，之后又征服了浑庾、屈射、丁零、鬲昆和薪犁等国。北境至此已全部在冒顿单于的统治之下，匈奴势力达到鼎盛。反观中原正值楚汉相争，刘邦和项羽皆无暇顾及匈奴在北边的行动，客观上为匈奴统一提供了契机。

匈奴独霸北方是困扰汉朝统治者的难题。匈奴在边境的劫掠不仅破坏汉朝的经济发展，其与边境将领的勾结更是对汉朝的长治久安构成威胁。高祖七年，韩王信叛汉，投降匈奴即是一例。刘邦为此御驾亲征，并与匈奴在平城决战。

平城之战是两个不同文明类型的帝国第一次大规模正面冲突。一边是正值鼎盛的匈奴，另一边是刚刚完成统一的汉帝国。战争的结果是刘邦在白登山被匈奴围困整整七日，最后靠着陈平贿赂阏氏的计谋才得以脱身（事见《陈丞相世家》）。汉军在平城之战的惨败奠定了此后汉匈交往的基调，即与匈奴和亲换取和平。

这一政策从高祖朝延续至景帝朝，成为汉朝中前期的基本国策。在此期间，匈奴虽也曾劫掠汉朝边境，冒顿单于甚至去信吕后，意欲与吕后结成夫妻羞辱汉朝，但汉朝君臣考虑到国力有限，尚不足以与匈奴展开大规模战争，故未采取进取之策。随着冒顿单于的去世和汉朝国力的逐渐强盛，和亲政策终于在武帝时被改变。

武帝一朝频繁对外用兵，最重要的目的是一雪平城之耻，彻底解决匈奴问题。武帝甫一即位即着手建立一支精锐且绝对忠诚的军队。武帝先后拔擢卫青、霍去病和李广利等外戚为将。因陇西北一带与胡羌接壤，能征善战者辈出，武帝以天水、陇西、安定、北地、上郡和河西六郡的良家子为主力组建骑射兼备的讨匈大军。除了军事上的准备之外，武帝在外交上也下足功夫。建元元年，武帝派遣张骞出使西域，希望能够联合月氏等国合击匈奴。

军事和外交准备就绪后，元光二年，于马邑策划了一场围歼匈奴的军事行动。汉朝派马邑大商人聂壹故意触犯禁令与匈奴贸易，并佯称要杀马邑长官，然后将马邑献给单于。单于贪图马邑财物，相信了聂壹的话，亲率十万骑兵进入武州边境。但是，匈奴在距离马邑一百余里的地方起了疑心，从俘虏的西汉尉吏那里得知马邑附近埋伏了三十余万汉军，于是撤了回去。汉军此役虽无功而返，但马邑之谋是西汉对匈奴由和转战的开始。

武帝一朝与匈奴交战四十余年，虽然基本解决了匈奴南下侵扰的问题，但耗费巨大，终不可持续。司马迁作为同时代人，不但亲见武帝在对匈奴问题上的独断专行，而且深知许多同僚或是为了迎合武帝心思或是为了能够封侯才主张战争。然而，一将功成万骨枯，少数得以封侯的将领背后是无数六郡良家子弟的生命以及李广和李陵这样的冤案，司马迁人生最大的转折也与此相关。这一亲身经历令司马迁对武帝的决策颇有不满，但这毕竟是武帝钦定的国策，司马迁也只能述而不作。这也是在本传评论中司马迁提及孔子作《春秋》详古略今，并呼吁圣王之政唯在将相的原因。

伍伍

人臣奉法遵职而已，何与招士

——评卫青、霍去病击匈奴事

太史公曰：苏建[①]语余曰："吾尝责'大将军至尊重，而天下之贤大夫毋称焉，愿将军观古名将所招选择贤者，勉之哉。'大将军谢曰：'自魏其、武安之厚宾客，天子常切齿。彼亲附士大夫，招贤绌不肖者，人主之柄也。人臣奉法遵职而已，何与招士！'"骠骑[②]亦放此意，其为将如此。

卷一百一十一·卫将军骠骑列传

【注释】

① 苏建：西汉京兆尹杜陵人（今陕西西安东南）。武帝时，随大将军卫青击匈奴，封平陵侯。有三子，中子苏武最为知名，有"苏武牧羊"典故。

②骠骑：骠骑将军、骠骑大将军之简称，汉代重要武职。此处代指霍去病。

【译文】太史公说：苏建曾对我说："我曾经责备大将军卫青说：'您位高权重，但天下贤明的士大夫都不称赞您，希望将军能效法古代那些招选贤人的名士，朝这个方向努力。'卫青谢绝说：'自从魏其侯窦婴和武安侯田蚡厚待宾客，皇上就非常痛恨。亲近和安抚士大夫，招选贤人、黜退庸人的事情，是国君该做的。作为臣子仅需奉公守法履行自己的职责就好，何必参与招选贤士的事情呢！'"骠骑将军霍去病也仿效这一做法，他们做将军就是这样。

【讲评】本篇是汉代著名将领卫青与其外甥霍去病的合传。二人都是武帝一朝因征伐匈奴有功而平步青云的将军，是对外征伐的重要参与者。通过卫、霍二人可更加清晰地看出汉廷内部对于攻打匈奴的态度和决策过程，故司马迁将此二人合传并写。

大将军卫青是平阳人，其父郑季在平阳侯家当差时与平阳侯的侍妾卫媪私通而生卫青。因出身低贱，卫青小时候常被嫡母所生的孩子看不起。后其同母异父的姐姐卫子夫在平阳公主家获得武帝的宠幸，卫青因此改姓卫。

姐姐卫子夫获宠后，武帝将卫青从平阳侯的家骑提拔为建章监侍中。卫青因外戚身份进入武帝视野，但其凭借卓越的军事指挥才能讨伐匈奴有功成为武帝时期的重臣。

元光五年，卫青官拜车骑将军，从上谷出击匈奴，斩敌数百人。相较之下，同行的骑将军太中大夫公孙敖损失七千骑兵，卫尉李广则被匈奴活捉。元朔元年秋，卫青为车骑将军，领三万骑兵出雁门攻击匈奴，歼敌数千。次年，卫青从云中向西进兵，夺取河南，直达陇西，捕获匈奴数千人和牲口几十万头。此战胜利对汉朝意义重大。从军事上说，河南之地旧属匈奴，匈奴挥兵南下可直接威胁京师安全。攻下此地后，汉朝设置朔方郡，一方面抵御匈奴时有据可守，另一方面亦可护卫京师。从政治上说，河南之地曾于始皇三十二年被秦将蒙恬攻下，秦朝经略河南，筑亭障以御匈奴，本有意将此地长久纳入秦朝版图。然而秦汉之际，天下大乱，匈奴趁机夺下此地。此后历经高祖、惠帝、吕后、文帝和景帝五朝，终在武帝时重新夺回，这对提升武帝威望助益甚大。卫青此役斩获头功，被封为长平侯。

不过，在元朔六年春的对匈奴作战中，右将军苏建全军覆没，虽然武帝免其死罪，但被削为平民，大将军卫青也因此未加封邑。同一年，卫青的外甥、十八岁的霍去病担任剽姚校尉随军出征，斩获敌人二千二十八名，包括匈奴的相国、当户，杀了单于的祖父辈籍若侯产，生擒单于叔父罗姑比，勇冠三军。霍去病获封冠军侯，食邑一千六百户。

霍去病曾任武帝的侍中。获封冠军侯后，霍去病又于元狩二年、元狩四年出陇西与匈奴交战，屡战屡胜。霍去病性格沉默寡言，既不会泄露别人的话，又有气魄敢作敢为，越发受武帝宠信，其声望地位渐与大将军卫青相齐。武帝曾为他建造府邸，一向寡言少语的骠骑将军霍去病朗声说道："匈奴未灭，何以家为。"这番忠心之言不但令武帝更加尊宠霍去病，霍去病也因此名传后世。元狩六年，霍去病去世，武帝痛悼，派铁甲军列队从长安到茂陵，并为他建造了一座形似祁连山的坟墓，以彰其守土拓边之功。

征讨匈奴是武帝一朝主要的对外政策，真正实现武帝这一政策的是卫青和霍去病。二人因此前后成为武帝最为倚赖的军事将领。武帝一朝讨伐匈奴的将领，前有卫、霍，后有李广利，无一不是外戚。卫青、霍去病皆为侍中出身，侍中属郎中令，是皇帝的近从。卫、霍二人颇谙为官之道。卫青打了胜仗受赏千金，听从属下宁乘的建议，拿出五百金献给武帝宠爱的王夫人。此外，尽管卫青位高权重，但为避免武帝猜疑，他从不厚养宾客，以示谦逊。司马迁因此评价其"以和柔自媚于上"。霍去病的少言不泄更是为臣子的最佳性格。得天独厚的身份优势、出众的个人才能以及对为官之道的熟稔，使卫、霍二人成为武帝朝的重臣，名垂青史。

卫青和霍去病功勋卓著，但司马迁对他们亦有微词。例如李广的自杀，卫青难辞其咎。李广之子李敢得知李广因卫青而死后，曾打伤卫青以示不满。卫青心中有愧，没有声张此事。然而，霍去病却仗着外戚的身份，趁李敢随皇帝于甘泉宫打猎时，将李敢射杀。此时霍去病正受武帝恩宠，武帝也未追究（事见《李将军列传》）。

卫青和霍去病身前显赫，但其家族在他们死后都未能长盛。霍去病去世后，其子霍嬗承袭爵位，仅过六年，霍嬗就去世了。霍家因无子嗣被除去了爵位和侯国。大将军卫青去世后，卫家失去了对外朝的控制，加之内廷的卫子夫色衰失宠，卫家逐渐没落。卫青之子卫伉、卫不疑和卫登因犯法先后被除去侯爵，卫家彻底退出了历史舞台。

伍陆

行义虽修，然亦遇时

——评公孙弘、主父偃受宠

太史公曰：公孙弘行义虽修，然亦遇时。汉兴八十余年矣，上方乡文学[①]，招俊乂，以广儒墨，弘为举首。主父偃当路，诸公皆誉之，及名败身诛，士争言其恶。悲夫！

卷一百一十二·平津侯主父列传

【注释】

① 文学：汉代察举科目之一，多与贤良并称为贤良文学。此处亦代指儒学。

【译文】太史公说：公孙弘虽然品德行为都很好，但也是因为遇到了好时机。汉朝建立八十多年，赶上武帝推崇儒学，招纳俊杰，推广儒墨两家的学说，公孙弘是第一个被选拔出来的。主父偃身居要职时，朝中人都称赞他，等到他身败名裂被杀后，士人都争着讲他坏话。可悲啊！

【讲评】本篇是平津侯公孙弘和主父偃二人的合传。二人身处同一时代，彼此在政治上针锋相对，事迹可互相比对。主父偃的死与公孙弘密切相关，因此司马迁将此二人并写是颇见思量的。

公孙弘是齐地菑川国薛县人，字季。年轻时曾做过薛县的狱吏，后因犯罪被免职。公孙弘家里很穷，只好在海边养猪谋生，一直到四十多岁时才学习《公羊春秋》和诸子杂说。公孙弘为人颇为孝顺谨严，侍奉后母非常用心。孝顺和谨慎也成了他得以为官并一路高升的重要因素。

建元元年，武帝即位，召用贤良文学之士。时年六十的公孙弘应召并被任命为博士。但因奉命出使匈奴，回来后的报告不合武帝心意，被武帝认为无能，只好辞官回家。元光五年，武帝再次下诏求贤。在以孝治国的汉代，公孙弘因其孝谨又被菑川国人推荐应征。公孙弘一再辞谢，但拗不过菑川国人的百般推荐，只好再次参加选拔。在太常对策中，公孙弘名列下等，但武帝御览对策后，却将公孙弘拔擢为第一。公孙弘应召入宫，武帝见其状貌甚丽，再次拜其为博士。

元光五年，汉廷正与西南夷沟通，公孙弘又被武帝派往西南视察了解情况。回朝后的公孙弘极言汉廷经营西南无益，这一想法与武帝心思不合，公孙弘的意见又被搁置了。

经历两次冷遇后的公孙弘愈发小心谨慎。公孙弘气度不凡又见闻广博，每次当廷议事都能将事情的来龙去脉和利弊优劣分析清楚，但从来不给出自己的意见，一定要皇帝自己决定，武帝因此认为公孙弘品性敦厚。为避免当廷辩论，公孙弘与主爵都尉汲黯商量，二人分开奏事，汲黯先把事情和处理意见上奏皇帝，然后公孙弘负责进一步解释。由于公孙弘博通儒术，常能以儒学缘饰自己的意见，说话很得体，武帝常常采纳他的言论。甚至有时公孙弘与其他公卿约定上书言事，一旦觉察出皇帝不喜欢他们此前约定的意见，他会随时背弃前约以顺从皇帝的心思。耿直的汲黯吃过公孙弘的亏，曾当着皇帝的面指责公孙弘骗人，认为其不忠心。公孙弘以一句"了解臣下的人认为臣下忠心，不了解臣下的人自然认为臣下不忠心"轻松化解。此言一出，公孙弘既没有得罪同僚，也暗指武帝是能看到自己忠心的人。公孙弘不但没有受到惩罚，反而以后越有臣子说公孙弘坏话，公孙弘就越受武帝信任。

除了事事与武帝保持一致，公孙弘还尽量避免与同僚发生矛盾。公孙弘位列三公，俸禄甚多，但依然勤俭节约，睡觉只盖布被子，吃饭只吃一种带肉的菜。耿直的汲黯又在武帝面前参劾公孙弘，认为公孙弘沽名钓誉，欺骗皇帝。面对汲黯的告发，公孙弘大大方方地承认了这一点，称自己以三公高位却盖布被，确实是沽名钓誉。然后，他话锋一转，说道：“管仲相齐，奢侈拟于君主，齐桓公虽然因此得以称霸，但管仲的行为实属僭越。晏婴做齐国丞相时，吃饭不吃第二块肉，妻妾不穿丝织品，也把齐国治理得很好。晏婴此举是向下与百姓看齐。我如今身为御史大夫却盖布被，就是希望能使百官从小吏至九卿都没有高低贵贱之别。不过汲黯的忠心值得赞许，如果没有他，陛下又怎能知道这些情况呢？”公孙弘这番话以退为进，既为自己辩白，表了忠心，又夸奖了告发自己的汲黯。武帝非但没有责罚公孙弘，反而因其谦让大度的表现，拜其为丞相，封平津侯。

然而，公孙弘本人并非如其表现得那么宽厚。甚至恰恰相反，司马迁称其“为人意忌，外宽内深”，即表面宽厚实则内心妒忌。例如，公孙弘深知董仲舒的儒学修为远在自己之上，害怕自己失宠，但他并无任何表露，只是借口董仲舒有大才，将其外调至胶西王处做丞相。此举表面上看是给董仲舒升官，实际上却是把董仲舒贬出中央，自己还落得一个举荐贤才的美名。

面对自己的另一政治对手主父偃，公孙弘也毫不手软。主父偃是齐国临淄人，早年学习纵横家的学说，到了晚年才学习《易经》《春秋》和其他诸子学说。与公孙弘的境遇类似，主父偃早年并不得志。他在齐地学习纵横之术时，齐地的儒生都很排斥他。后来去燕、赵等国游学也无人招待。最终他选择西入关中，拜谒大将军卫青。尽管卫青多次向武帝提及主父偃，但武帝始终没有召见他。直到主父偃有一次上奏言事被武帝赏识，其仕宦之路才进入了快车道。他先是被任命为郎中，后被拜为谒者，一年之间先后升迁四次。

主父偃是武帝加强中央集权的重要推手。他先后向武帝建议颁布"推恩令"以削弱诸侯势力，迁天下豪杰于茂陵以实京师，修朔方郡以抗匈奴。以"推恩令"为例，主父偃分析道："古时诸侯国地不过百里，因此容易控制。如今诸侯国连城数十，地方千里，如果任其发展容易使其坐大势力，贸然用兵则会促使他们互相联合以抗中央。既然像晁错那样削减他们的土地容易引发动乱，陛下不如令诸侯国推广恩德，除了嫡长子外，其他子嗣亦可获封土地。如此一来，陛下广施恩德，得偿所愿的诸侯子弟自然感激您，同时又分割了诸侯的土地，削弱了他们的实力。"主父偃的建议无一不是迎合武帝内修法度、外抗匈奴的心意，武帝对其言听计从。

主父偃深受武帝宠信，可谓风光无限。他一方面毫不客气地收受诸大臣的贿赂，另一方面也丝毫不把诸侯王放在眼里。元朔二年，主父偃告发齐王在宫内淫乱放荡，行为乖僻。于是，武帝命主父偃为齐国丞相。主父偃甫至齐国便派人用齐王与其姐姐通奸一事警告齐王，齐王害怕，最终自杀。武帝听闻大怒，但并不打算杀主父偃，只是将其召回。公孙弘抓住这一除掉政敌的机会，趁机进言：“齐王自杀，主父偃是罪首，陛下不杀主父偃，实在无法向天下人交代。”这促使武帝下决心杀了主父偃及其家族，主父偃门下数千宾客竟无一人为其收尸。

司马迁对公孙弘和主父偃并无太多好感。尤其是公孙弘，司马迁对其身为儒生却曲学阿世的作法十分不满。但从客观事实看，武帝在位五十四年，任命丞相十三人，除田千秋作为武帝的托孤丞相外，剩下的或被免职，或自杀，或被杀，公孙弘是唯一一位得以善终的丞相，可以说是武帝朝的政治奇迹。

伍柒

言虽外殊，其合德一

——评司马相如辞赋与讽谏

太史公曰:《春秋》推见至隐,《易》本隐之以显,《大雅》[①]言王公大人而德逮黎庶,《小雅》[②]讥小己之得失，其流及上。所以言虽外殊，其合德一也。相如虽多虚辞滥说，然其要归引之节俭，此与《诗》之风谏何异？扬雄[③]以为“靡丽之赋，劝百风一，犹驰骋郑卫之声，曲终而奏雅”，不已亏乎？余采其语可论者著于篇。

卷一百一十七·司马相如列传

【注释】

①《大雅》:《诗经》组成部分之一。大抵为西周作品，

多数系贵族宴会乐歌，歌颂后稷至武王、宣王的功绩，保存着周人早期传说、开国史实及“宣王中兴”史料。

②《小雅》:《诗经》组成部分之一。产生于西周至东周初期，部分为宴会乐歌，部分是批评朝政的歌谣，有的则反映了周室与西北戎、狄部族以及东方诸侯国之间的矛盾。

③ 扬雄：汉代著名辞赋家、思想家。

【译文】太史公说:《春秋》从具体的事实中推究出抽象深奥的道理;《易经》通过探讨精微深隐的道理来把握明显具体的事情;《大雅》说的是王公大人的事，使他们的德行普及百姓;《小雅》从个人得失讲起，以达到对上讽谏的目的。虽然言辞的外在表现不同，但内在教化百姓的本质是一致的。司马相如写的虽然多是夸张虚靡的文字，但其主旨还是在于引导人节俭，这与《诗经》讽谏之旨有什么不同呢？扬雄认为司马相如辞赋华丽，虽偶有倡言节俭之说，但多数还是鼓励奢侈，就好比演奏郑、卫的音乐，在曲终时稍奏一点雅乐。这种看法岂不是贬低了司马相如辞赋的价值吗？我采录了一些司马相如有代表性的文字写在这篇文章中。

【**讲评**】本篇讲述的是西汉著名文学家司马相如的史事。西汉时推崇辞藻华丽的赋文，司马相如尤善此道，所作《子虚赋》《上林赋》都是文学史上的千古名篇。后人有“文章西汉两司马”之说，称赞的就是司马相如和司马迁两人的文采。从本传中亦可看出，同为文章大家的司马迁对司马相如的文采颇为欣赏，在文中摘录了司马相如的部分赋文。除此之外，司马迁对司马相如的官宦生涯、情感经历和文学活动等都有具体描写。

司马相如，字长卿，蜀郡成都人，好读书，亦习剑，因仰慕战国时赵国名士蔺相如的为人，改名相如。起初他用钱谋了个郎官，在景帝身边做武骑常侍，但并未受到重用。梁孝王入京朝见，司马相如与梁孝王门下的邹阳、枚乘等游说之士相谈甚欢，当即决定辞官投奔梁孝王，并在此期间写下《子虚赋》。

梁孝王去世后，司马相如回到了家乡，此时虽贫困潦倒，但与临邛令王吉私交甚笃。王吉对司马相如十分恭敬有礼，每天都假装很恭敬的样子去拜访他，司马相如一开始还见一下王吉，后来索性以生病为由，谢绝了王吉的请见。此举不但没有惹恼王吉，反而使王吉更加恭敬有礼。当地富商卓王孙和程郑听说后，更想见一下司马相如的真面目。于是，二人备下酒席宴请县令和司马相如。临邛令王吉到了卓家后，司马相如却称病不赴宴，王吉不敢进食，亲自前往迎接，司马相如不得已才勉强应宴。王吉的这番举动给司马相如撑足了场面。司马相如不负众望，当场的客人无不被其风采所折服。

此时，又是王吉手捧琴瑟送到相如面前，请他鼓琴一曲。原来卓王孙的女儿卓文君不久前死了丈夫，卓文君颇晓音律，久仰司马相如大名，听说司马相如前来赴宴，偷偷躲在门后观察。司马相如佯装不知，借机弹了一首《凤求凰》，以琴声打动卓文君。卓文君见司马相如容貌俊秀，举止优雅，又以琴声相求，当即芳心暗许。司马相如在宴罢人散后，用重金买通了卓文君的侍者，表达了自己的爱慕之情。最终，卓文君私奔相如，二人一起到了成都。

卓王孙听说女儿私奔，先是大怒，后又听说司马相如家徒四壁，二人又回到临邛当垆卖酒，更觉无面目见人，扬言绝不给卓文君一分家产。在众人的劝说下，卓王孙还是支持了自己的女儿和女婿。司马相如一下成为了当地富翁。

此时，司马相如的《子虚赋》恰好被汉武帝看到。武帝大为赏识，恨不能与相如同时。蜀人杨得意将司马相如推荐给武帝。武帝大喜，立刻召见司马相如。司马相如称《子虚赋》仅为诸侯游猎之事，不值一提。武帝既为帝王，所进文章理应更有气魄，因此再作《上林赋》。尽管《上林赋》全篇极尽夸张之能事，铺叙天子和诸侯园囿的情景，气势宏大，但司马相如在结尾处却落脚于“节俭”二字以此劝谏武帝。武帝随后任命司马相如为郎官，又命其出使西南，司马相如无不出色完成，深得武帝信任，连丈人卓王孙也对他更殷勤，甚至还将原先给自己儿子的一份厚礼赠与女儿。此时的司马相如到达了其一生仕途的顶峰。几年后，司马相如因病告退，因家里财用丰饶，生活悠闲自在，不慕官名。

司马相如虽写得一手锦绣文章，但本身患有口吃，加之与卓文君婚后生活优渥，尽管身居郎官，但并不与公卿议论国家大事，常借口生病赋闲在家。司马相如常通过文辞上谏。例如他见武帝常去狩猎，便上书谏猎，写下《上疏猎赋》，告诫武帝切勿玩物丧志，要防微杜渐。因司马相如文采甚佳，武帝也乐于看他的谏言，甚至还欣然接受。又如武帝派司马相如出使西南，面对朝中大臣和蜀地父老对武帝用兵西南夷的困惑，司马相如挥笔写下《难蜀父老》一文，告知武帝的想法以解蜀人之惑，本质上起到了上情下达的宣传作用。

司马迁对司马相如非常欣赏，反对扬雄对司马相如的辞赋多虚靡而少劝谏的评价。事实上，仔细阅读本传中提到的《子虚赋》《上林赋》和《大人赋》等文，不难发现司马相如文辞虽华丽，但文章的落脚点在于劝谏皇帝不要过于奢侈，也对其爱好神仙之道表达了讽喻。作为一介文人，能通过一支笔劝谏皇帝，有功于时政，这些在司马迁看来都是非常了不起的。

兄弟二人不有相容

——评淮南、衡山国除

太史公曰:《诗》之所谓“戎狄是膺，荆舒是惩”，信哉是言也。淮南、衡山亲为骨肉，疆土千里，列为诸侯，不务遵蕃臣职以承辅天子，而专挟邪僻之计，谋为畔逆，仍父子再亡国，各不终其身，为天下笑。此非独王过也，亦其俗薄，臣下渐靡使然也。夫荆楚[①]僄勇轻悍，好作乱，乃自古记之矣。

卷一百一十八·淮南衡山列传

【注释】

① 荆楚：古代区域名，包括现今湖北全域及其周围。

【译文】 太史公说：《诗经》所谓“抗击戎狄，惩治楚人”，这话一点也不假啊。淮南王和衡山王，都是皇帝的亲骨肉，封国千里，位列诸侯，不致力于遵守藩臣的职责来保卫天子，反而专怀邪僻之计，一心想着叛乱，以致父子两代人两次招致亡国，身死国灭，被天下人耻笑。这也不全是诸侯王的过错，也是由于当地风俗浅薄，诸侯王也逐渐被浸染，最终才这样的。荆楚之人，剽悍勇猛，但作风轻浮，喜欢作乱，自古便有记载。

【讲评】 本篇讲述的是淮南王刘长、刘安和刘赐父子三人相继叛乱并丧身失国的过程。

淮南厉王刘长是高祖少子。高祖十一年，平定淮南王黥布的叛乱后，刘邦立刘长为淮南王，领黥布原封之地。厉王幼年丧母，一直依附于吕后和惠帝，安然度过吕后执政时期。文帝即位后，因兄弟之情，文帝对刘长多有宽待。淮南王刘长因此日益骄横，外出打猎时与文帝同车而坐，径呼文帝大兄；回到封地后，自为法令以代汉令，并称自己的命令为“制”，一切出行标准都与天子平齐。

文帝六年，刘长密谋造反，令人与闽越、匈奴取得联系。事情被发觉后，刘长获罪被押送流放蜀地。押解途中，他对侍者说，我因骄纵而不知己过以至于此，人生一辈子怎可受此侮辱。竟绝食而死。八年，文帝封其子刘安为阜陵侯，刘勃为安阳侯，刘赐为阳周侯，刘良为东成侯。十六年，文帝又进封刘安为淮南王，刘勃为衡山王，刘赐为庐江王。至此，淮南王刘长的封地被一分为三。这是其势力第一次被削弱。

景帝三年，“吴楚七国之乱”爆发，刘长之子淮南王刘安有意起兵响应。好在淮南国相假意帮助刘安起兵，等拿到军权后又不听淮南王节制，据城防守叛军，反而帮助了朝廷。“吴楚七国之乱”被平定，淮南王刘安阴差阳错，得以保全。

刘安喜赋文辞，著名的《淮南子》就是在他的召集下编写完成的。武帝时，受命写《离骚传》，深得武帝欣赏。照理说，这样的身份和待遇没有理由叛乱，但刘安对其父之死痛恨于心，只是苦于没有机会。刘安又听信了田蚡的蛊惑，认为武帝既然没有太子，自己又是高祖的亲孙，名正言顺应由自己继承皇位。刘安反复琢磨，越想越有道理，谋反之心更重了。于是，刘安一面抓紧准备军武器械，一面派女儿刘陵去长安结交大臣，探听情报。因担心太子妃知道后泄露消息，刘安强令太子刘迁不与其妃同眠，迫使太子妃离开。

反叛的导火索是一次比武。太子刘迁学剑小有所成，听说郎中雷被精于剑法，要与其比剑，结果被雷被误伤。太子大怒，加之太子此前多次在刘安面前说雷被的坏话，刘安罢免了雷被。雷被跑去长安为自己辩解，一下子把事情搞大了。武帝派廷尉和河南郡守共同审理此事，河南郡守派人逮捕刘迁。刘安拒不从命，被处以削二县。刘安既怕且怒，决定反叛朝廷。

此时又有一件事加强了刘安反叛的决心。淮南王有庶子不害，虽是长子却不受刘安和王后宠爱。不害之子刘建心生怨恨，将刘安与刘迁此前谋划刺杀汉中尉殷宏并造反一事告诉了寿春庄芷，让其报告给皇帝。武帝派去审理此事的恰好是辟阳侯审食其的孙子审卿。审家与淮南王一家有仇。当年贯高等人谋反，淮南厉王刘长的母亲也被牵连其中。刘长母亲的弟弟赵兼托辟阳侯审食其为其向吕后说情，吕后不悦，审食其不再强争。后来淮南王刘长为报当年审食其不肯救助其母之仇，与审食其相见时，一锥杀死了他。刘长向文帝谢罪时，列述审食其三大罪状，第一条便是审食其当年完全有能力说动吕后，却不肯尽力。文帝念及手足之情，对此睁一只眼闭一只眼，赦免了刘长。未料，其子刘安又落入了审家之手。审卿对当年淮南厉王刘长杀死自己祖父的事怀恨在心，千方百计在丞相公孙弘面前称淮南王有谋反之心。

接连发生这样两件事，加上淮南王刘安本有反意，造反就这样发生了。但武帝反应迅速，未等刘安起兵，廷尉就奉命逮捕太子，包围王宫。刘安眼见无望，自杀而死，淮南国灭，改为九江郡，正式归入朝廷管辖。

衡山王刘赐的情况与此类似。刘赐是淮南厉王刘长的第三子。刘赐本人志大才疏，家事一塌糊涂。自己和哥哥淮南王刘安不和，王后徐来和厥姬互相嫉妒，女儿无采又先后与家奴和门客通奸，可谓后院不宁。

并且，王后徐来与太子不和。厥姬在太子面前说王后徐来的坏话，称太子的母亲是徐来让婢女用蛊毒害死的。徐来联合太子的妹妹无采和衡山王次子刘孝，一起对付太子。衡山王刘赐受此三人影响，想废太子刘爽。刘爽心生一计，想通过和王后发生奸情的方式来要挟王后，在一次饮酒中借机坐在王后大腿上，与其纠缠。王后大怒，告诉了衡山王刘赐。衡山王要废太子爽，改立孝为太子，刘爽派自己的心腹白赢往长安告发衡山王次子刘孝制造战车、箭头和箭，意欲叛乱。白赢还没来得及上书，淮南王叛乱一事就被平定。衡山王刘赐因牵连其中，畏罪自杀。王后徐来因蛊杀前王后，太子爽因大逆不道，次子刘孝因与其父有过关系的婢女通奸，皆被处死。衡山国改为衡山郡。

司马迁对淮南王和衡山王的结局丝毫不予同情。他们的祸端往往起于身边人，没有处理好和家人及周边人的关系是他们最大的失败。

伍玖

奉职循理，亦可以为治

——评循吏奉法爱民

太史公曰：法令所以导民也，刑罚所以禁奸也。文武不备，良民惧然身修者，官未曾乱也。奉职循理，亦可以为治，何必威严哉？

……

太史公曰：孙叔敖出一言，郢市复。子产病死，郑民号哭。公仪子见好布而家妇逐。石奢纵父而死，楚昭[①]名立。李离过杀而伏剑，晋文[②]以正国法。

卷一百一十九·循吏列传

【注释】

① 楚昭：即楚昭王，春秋时楚国国君。

② 晋文：即晋文公，“春秋五霸”之一。

【译文】太史公说：法令是用来引导老百姓向善的，刑罚是用来禁止老百姓作奸犯科的。当法令和刑罚还不完备的时候，老百姓依然愿意谨慎行事，保持操守，这是因为官员自己以身作则。只要官吏尽忠职守，按照道理办事，天下亦可大治，何必一定要用严刑酷法呢？

……

太史公说：孙叔敖关心民间疾苦，他说一句话，郢都的集市就恢复了。子产因病去世，郑国老百姓都嚎啕大哭。公仪先生看到家里织出好布就将妻妾驱逐出去。石奢因私放走了自己的父亲然后自杀而死，楚昭王的名声因此建立起来。李离因为自己的疏忽而错杀好人，自己也伏剑而死，晋文公因此整顿了国家法纪。

【讲评】所谓循吏，是指奉公守法、爱民如子的官员，例如本篇讲述的孙叔敖、子产、公孙仪、石奢和李离五位。五位贤人各有风范，是司马迁极为欣赏的为官典范。

孙叔敖是楚国的处士，被宰相虞丘举荐接任宰相之职。孙叔敖上任后，主张宽政待民，老百姓因此生活安逸。例如，孙叔敖看到楚庄王改小钱为大钱后，市场混乱，百姓无所适从，他恢复旧制，稳定市场。又如，楚庄王认为底座矮的车子不便于马的奔驰，想要改变楚国人的习惯，强行将车子的底座修高，三番五次下令，但效果不彰。孙叔敖建议不如将乡里的门槛造高些，如此一来，那些乘车的贵人为方便自己经过，自然会把车底座加高。果然，半年后，老百姓也主动把车底座改高了。

子产是郑国的大夫。郑昭公时，徐挚为相，郑国政事混乱，上下相离。子产临危受命。不到一年，郑国上下面貌焕然一新；两年后，市场再无哄抬价格；三年后，民间夜不闭户路不拾遗，一切秩序井然。子产去世时，老百姓都异常悲伤，感慨子产离去之后又将无所依靠。可见其执政之得民心。

公孙仪是鲁国宰相，奉公守法，不与民争利。有人听说他爱吃鱼，便送鱼给他。公孙仪拒绝后，说了一番极简单却又深刻的道理：自己担任宰相，买得起鱼吃。一旦接受别人送的鱼，因违法而被免职，这样既买不起鱼，也不会再有人送鱼了。公孙仪为了避免与民争利，在家吃到好菜，就把自家园中所种的菜全部拔起，看到自己家里织出来的好布，就把妻妾赶出家门，还把织布机都烧了。

石奢是楚昭王的宰相，断案时发现自己的父亲是凶手，陷入了忠孝难两全的尴尬处境。最后，石奢放走了自己的父亲，在楚昭王已宽免他的情况下，依然选择了自杀，以此两全。李离是晋文公的法官，由于下属审理案件出了差错导致李离误将人判了死罪。尽管晋文公一再强调这是吏员的过错，李离不必如此自责。否则，按照“下属犯错，长官有罪”的逻辑，自己作为君王岂不是也有罪？但李离坚持认为自己身为长官，不曾分利与人。如今审理案件出了差错，也不可将罪责推诿于下属，作为法官，自当认罪伏法。李离拒不接受晋文公的赦令，自杀而亡。

从上述五位循吏的事迹中可以看到官员以身作则的重要性，这也是司马迁本人对于循吏的理解。事实上，将循吏作为一个群体并为之作传，这一传统始自司马迁，并一直延续至《清史稿》。在历朝历代的正史中皆可见循吏的身影。

不过，司马迁是西汉中前期的人物，其循吏观更多偏向于黄老思想的无为而治。司马迁在《自序》中对循吏定义为“奉法循理之吏，不伐功矜能，百姓无称，亦无过行”。因此，他在本篇中择取的典型如孙叔敖等人，在施政过程中其实并无太多积极有为的政策，更多是因循旧制，不与民争利。这与后世对循吏的理解颇为不同。如东汉班固在《汉书·循吏文翁传》中描述的蜀郡守文翁被后世认为是循吏的代表，其建学宫、传教令、好文雅的一系列举动，相较于司马迁笔下的五位，显然更加积极有为。这也是后世对循吏形象的基本印象，即君师合一，施行教化，而非仅仅以身作则，与民休息。

陆拾

一死一生，乃知交情

——评汲黯直谏

太史公曰：夫以汲、郑之贤，有势则宾客十倍，无势则否，况众人乎！下邽[①]翟公[②]有言，始翟公为廷尉，宾客阗门；及废，门外可设雀罗。翟公复为廷尉，宾客欲往，翟公乃大署其门曰："一死一生，乃知交情。一贫一富，乃知交态。一贵一贱，交情乃见。"汲、郑亦云，悲夫！

卷一百二十·汲郑列传

【注释】

① 下邽：县邑名，因处邽县下游为名，在今陕西省渭南市东北。

② 翟公：名不详，西汉下邽人，后代指失势之人。

宋陆游《书感》诗之一："翟公冷落客散去，萧尹谴死人所怜。"

【译文】太史公说：以汲黯和郑庄那样的贤能，在他们得势时，宾客数以十倍，一旦失势，就什么都没有了，更何况是一般人呢！下邽翟公曾经说道，一开始翟公担任廷尉的时候，宾客盈门；等到罢官回家，门可罗雀。翟公再做廷尉，宾客们又想来翟公这儿，翟公于是在大门上写道："经历过生死，才知道什么是真正的交情。经历过贫富，才知道人情的冷暖。经历过贵贱，结交的真情才会显现。"汲黯、郑庄也是这样的啊，真令人感到悲痛！

【讲评】本篇是汲黯和郑庄二人的合传。二人都是当时著名的贤臣，尤其是汲黯，司马迁花了很大篇幅浓墨重彩地描述了汲黯刚正不阿和直言进谏的特点。

汲黯，字长孺，濮阳县人。汲家世代受卫君恩宠，至汲黯七世为卿大夫。汲黯因父亲推荐，景帝时做了太子洗马。汲黯秉公办事、不苟言笑的作风在景帝时已声名远扬。

武帝即位后，任命汲黯为"谒者"，即举行典礼时在皇帝身边引导礼仪的人。有一次，武帝令汲黯去视察河内郡的火灾，汲黯到了那儿发现火灾只是意外，反倒是河南遭受水涝和干旱，便自作主张假托皇帝命令，开仓济民。武帝知道后也不怪他，反而还把他调升为荥阳县令。汲黯对此任命不满，认为大材小用，借口生病回了老家。武帝无奈，只好任命他做二千石的官。汲黯屡次向武帝进谏，武帝把他从内府打发出去任东海郡太守。汲黯在东海郡奉行无为而治，一年时间把东海郡治理得井井有条，于是武帝又把他调回宫内。

汲黯能力突出，但为人刚介高傲、不拘礼节，颇为任性，与自己意气相投便善待之，与自己不合见都不见。他称赞刚直敢言的梁孝王大将傅伯、孝文帝时的袁盎。与仗义的灌夫、郑当时、刘弃交好，颇有侠士之气。

不管面对皇帝还是公卿大臣，汲黯从不讳言自己的好恶，经常当面给人难堪，从武帝到大臣都对他敬畏三分。例如，汲黯在做京官时，王太后弟弟武安侯田蚡做丞相，面对前来拜见自己的二千石官员，田蚡都傲慢不搭理，唯独对汲黯拱手作揖还礼。大将军卫青因伐匈奴有功，姐姐卫子夫又是皇后，权重一时。然而汲黯却并不顾及这些，照样不行拜礼，与卫青平起平坐。甚至面对武帝独尊儒术的国策，汲黯也直白地以“内多欲而外施仁义”一语道破武帝内心的真实想法，不惧触怒武帝。

如此行事风格在给汲黯带来风险的同时，也给他带来了更多的名望。武帝平日接见大将军卫青和丞相公孙弘，经常坐在厕所里或连帽子也不戴就与他们讨论公事。唯独汲黯求见，武帝不戴帽子便不敢见汲黯。有一次汲黯前来面奏公事，皇帝因没有戴帽子，赶紧躲到帷帐中，让左右侍臣接下他的奏章。汲黯最后一次发病，庄助为他上书告假，武帝向庄助征询他对汲黯的看法。庄助认为以汲黯的秉性，如果任命其一官半职，或许无过人之处，但若令其辅助少主，则一定能守城深坚，护其大全。武帝感慨汲黯才是古时所谓的社稷之臣。甚至淮南王刘安密谋造反时，谁都不怕，唯独忌惮汲黯的守节死义。

汲黯好恶分明，敢于直言进谏，甚至面折皇帝。这样的性格使其常常不能久居其位，但又因其能任事、有担当，武帝一时也离不开他。汲黯最终失势，主要在于他所信奉的黄老之学与武帝一朝积极有为的政治文化相冲突。武帝更需要儒术为其积极的政治行动提供理论依据，并且找到了诸如张汤、公孙弘和卫青这样的帮手，汲黯渐渐被边缘化了。

汲黯对酷吏张汤的严刑峻法不以为然，多次在皇帝面前质问张汤，认为其上不能崇扬先帝功业，下不能安抚天下民心，只会在辩论时引用一些法律条文，曲加解释。汲黯认为，当年自己位至九卿时，张汤、公孙弘之流还只是小吏，如今公孙弘升为丞相，而张汤明明只是个刀笔吏却可以升任御史大夫，后来居上与自己同列，心里极为不满。武帝虽对此有所了解，但随着多次成功征伐匈奴，他对汲黯那套清静无为的黄老之术越发没有兴趣，甚至还感慨人不能像汲黯那样没有儒家学识。

后来，汲黯虽不得势，但还算安稳。他更多被武帝当做救火队长，哪有问题就派他去哪，最终病死在淮阳太守任上。汲黯死后，武帝感念其忠勇，其弟汲仁官至九卿，儿子汲偃做到了诸侯国的丞相。相较于武帝一朝的其他大臣，汲黯可算得上是善终了。

本传另一主人公郑当时，字庄，陈县人。他和汲黯一样，为人廉洁、心性善良，也有几分侠义。郑庄的祖先曾是项羽的部下，项羽死后归顺了刘邦。刘邦令项羽旧将直呼项籍的名讳，从者任命为大夫。唯独郑庄祖先不从，最终被驱逐，死于孝文帝时。郑庄和汲黯一样，信奉黄老之学，待人平等。但凡有客人来，无论地位高下，郑庄都以宾主之礼相见。每次上朝，郑庄都向皇帝进言，推荐贤士。但和汲黯不同的是，郑庄在朝廷议事，经常迎合皇帝的旨意，不敢随便论说是非。郑庄最后死在太守任上，其兄弟子孙因郑庄的缘故有六七个做到了二千石的大官，这都与汲黯的结局类似。

陆壹

法令者治之具，非制治清浊之源

——评酷吏当政

太史公曰：信哉是言也！法令者治之具，而非制治清浊之源也。昔天下之网尝密矣，然奸伪萌起，其极也，上下相遁，至于不振。当是之时，吏治若救火扬沸，非武健严酷，恶能胜其任而愉快乎！言道德者，溺其职矣。故曰：“听讼，吾犹人也，必也使无讼乎。”“下士闻道大笑之。”非虚言也。汉兴，破觚而为圆，斫雕而为朴，网漏于吞舟之鱼，而吏治烝烝，不至于奸，黎民艾安。由是观之，在彼不在此。

……

太史公曰：自郅都[①]、杜周[②]十人者，此皆以酷烈为声。然郅都伉直，引是非，争天下大体。张汤[3]以知阴阳，人主与俱上下，时数辩当否，国家赖其便。赵禹[4]时据法守正。杜周从谀，以少言为重。自张汤死后，网密，多诋严，官事浸以耗废。九卿[5]碌碌奉其官，救过不赡，何暇论绳墨之外乎！然此十人中，其廉者足以为仪表，其污者足以为戒，方略教导，禁奸止邪，一切亦皆彬彬质有其文武焉。虽惨酷，斯称其位矣。至若蜀守冯当暴挫，广汉李贞擅磔人，东郡弥仆锯项，天水骆璧推咸，河东褚广妄杀，京兆无忌、冯翊殷周蝮鸷，水衡阎奉朴击卖请，何足数哉！何足数哉！

卷一百二十二·酷吏列传

【注释】

① 郅都：西汉河东杨县人（今山西洪洞东南）。敢直谏，面折大臣于朝；行法不避贵戚，列侯宗室侧目而视，号称“苍鹰”。终因窦太后所恶，被杀。

② 杜周：西汉南阳杜衍人（今河南南阳西南）。以用法严苛著名，任职期间下诏狱者至六七万人，吏所增加达十有余万。官至御史大夫。始为廷尉史，仅有一马，及任三公，家赀累巨万。

③ 张汤：西汉杜陵人（今陕西西安东南）。用法严峻苛刻，协助武帝打击富商大贾，诛锄豪强。数行丞相事，权势隆贵。后为御史中丞李文及丞相长史朱买臣等排陷而自杀，死后家产不过五百金，皆得自俸禄赏赐。

④ 赵禹：西汉扶风斄人（今陕西武功西）。官至廷尉，以清廉倨傲著称。任职期间，舍无食客，以绝知友宾客之请。晚年以寿卒于家。

⑤ 九卿：秦汉通常以分掌中央主要政务的九寺长官合称九卿，故亦常以九卿为中央各行政机关的总称。秦的九卿为奉常、郎中令、卫尉、太仆、廷尉、典客、宗正、治粟内史和少府。

【译文】太史公说：这些话是可信的啊！法令只是治理天下的工具，而不是决定政治好坏的根源。秦时天下法网严密，但奸邪伪诈的事却不断发生，这种情况发展到最极端的时候，上下相互蒙混欺骗，国家因此而一蹶不振。这个时候，官吏治事就好像抱薪救火、扬汤止沸一样，不用严酷的手段怎么能震慑住这种坏的风气呢？但越是如此，违法之事越是层出不穷。如果让倡言道德的人来管理，一定会失职的。所以孔子说，“处理官司，我和别人差不多，而我要做的是立政施德，让打官司的事彻底消除。”老子说，“浅陋的人听到道德之言，一定会大笑起来”。这确实不是虚妄之言。汉朝建立后，对秦朝法律做了很大改动，如同砍掉外部雕饰，露出质朴自然的本质一样，法律由繁至简，就像可以漏掉吞舟之鱼的渔网，吏治蒸蒸日上，老百姓也平安无事。由此可见，政治想要清明，在于仁德和简约，而不在于法律的严酷。

太史公说：从郅都到杜周十个人，都以严酷暴烈出名。但郅都为人刚烈正直、辩说是非，常常坚持对国家有益的重大原则。张汤因为懂得察言观色，看皇帝的脸色行事，所以国家也需要他。赵禹能够严正守法。杜周则阿谀奉承，以少说话为原则。自从张汤死后，法网严密，办事多严酷，政事也逐渐败乱荒废。九卿碌碌无为，他们防止犯错还来不及，更不要说去管其他事了。但这十人中，有廉洁足以作为表率的，但也有贪腐污浊足以令人引起警戒的，他们制定捕治奸盗的办法和训导士民的条款，禁止奸邪，一切行为处事都彬彬有礼，恩威并施。执法虽然严酷，但也算是忠于职守。至于像蜀郡太守冯当凶暴地摧残人，广汉李贞擅自砍人，东郡弥仆砍断人的脖子，天水郡骆璧严刑逼供，河东褚广随意杀人，京兆无忌、冯翊殷周的阴狠，水衡都尉阎奉拷打犯人，逼其出钱赎罪，这样的事情哪里说得完！哪里说得完啊！

【讲评】司马迁在这篇列传中一连记载十几位酷吏，用意非常明显，即指责严刑峻法带来的民不聊生，进一步批评汉武帝“内多欲而外施仁义”的虚伪。这些酷吏帮助汉武帝打击豪强、惩治贵戚，维护皇权。但同时也严刑逼供、滥杀无辜，老百姓因此遭了殃。

不过，具体到每个酷吏，司马迁的评价还是比较客观的，尤其对郅都、张汤等人，并没有因为他们是酷吏而一味批评，这也显示出司马迁作为史家的客观公正。

至于法家和儒家的统治思想到底该如何取舍，汉宣帝曾言，“汉家自有制度，本以霸王道杂之。奈何纯任德教，用周政乎”。汉武帝“外儒内法”的统治策略可以说是这句话的生动体现。

陆贰

人貌荣名，岂有既乎

——评游侠好义

太史公曰：昔者虞舜窘于井廪，伊尹[①]负于鼎俎，傅说[②]匿于傅险，吕尚[③]困于棘津，夷吾[④]桎梏，百里[⑤]饭牛，仲尼畏匡，菜色陈、蔡。此皆学士所谓有道仁人也，犹然遭此菑，况以中材而涉乱世之末流乎？其遇害何可胜道哉！

太史公曰：吾视郭解，状貌不及中人，言语不足采者。然天下无贤与不肖，知与不知，皆慕其声，言侠者皆引以为名。谚曰："人貌荣名，岂有既乎！"于戏，惜哉！

卷一百二十四·游侠列传

【注释】

① 伊尹：商初名臣。辅佐成汤，伐桀灭夏，建立商朝，称为阿衡或保衡。太甲即位，不遵汤法，放之于桐，摄政。太甲居桐三年，悔过，遂迎归，还以国政。

② 傅说：商武丁时贤臣。相传曾为刑徒，服劳役于傅岩从事版筑。武丁即位后，托言夜梦圣人名说，使群臣于百工中寻求，得之于傅岩中，遂以傅为姓，举以为相。

③ 吕尚：即姜太公，见《齐太公世家》“太公”条。

④ 夷吾：即管仲，春秋初颍上人（今安徽颍水之滨），名夷吾，一称敬仲。辅佐齐桓公成为春秋时第一个霸主。

⑤ 百里：即百里奚，春秋时秦国大夫，佐秦穆公创立霸业。

【译文】太史公说：从前虞舜在打井和修缮房屋时遇到危难，伊尹背着煮饭的鼎和案板去见汤，傅说曾经藏身于傅险这个地方做苦工，吕尚年过七十在棘津卖食，管仲做过囚犯，百里奚喂过牛，孔子在匡地遭到拘囚，在陈、蔡两地挨饿。这些都是饱学之士口中的有道仁人，尚且遭受这些困顿和灾难，更何况是那些只有一般才能却又恰逢乱世的人呢？他们所遇到的灾难怎么说得尽呢！

太史公说：我看郭解这个人，样貌还不如一般人，言谈话语也没什么特别突出的地方。但天下人不管贤能与否，知道或者不知道郭解这个人，都非常仰慕他，只要一谈到侠，都标榜郭解而借以提高自己的名声。谚语有云：“人的相貌好坏，与人的道德名声高低，没有一定的联系！”哎，郭解的死确实很可惜啊！

【讲评】本篇描写了朱家、田仲、剧孟和郭解等活跃于汉朝初年的游侠。在司马迁看来，他们虽然时常触犯当地法律，但讲求道义，言出必践，甘愿舍生解人之难却不矜其能，颇有侠士之风。比如鲁国朱家以任侠出名，自己吃穿用度非常简单，但总是从最贫困的人家开始赈济，被他救济过的百姓和豪杰之士数以百计。朱家从不夸耀自己的能耐，也不要别人感激他的恩德。他曾经暗中解救过困厄的季布，但等季布发达后，却再也不见他。

除了朱家，司马迁在本篇中着力描写的还有郭解。郭解也非等闲之辈，其父行侠，但在文帝时被杀。郭解本人身材短小精悍、性格凶狠，年轻时杀人越货、私铸钱币、掘坟盗墓，但年长后，收敛行为，常常以德报怨，行侠仗义。比如，郭解的外甥在和人喝酒时，仗着郭解的势力强灌人家。那人一怒之下，杀了郭解的外甥逃亡而去。郭解的姐姐气愤不过，陈尸路边，要郭解替她报仇。郭解暗中调查，知道事情原委后，不但没有怪罪凶手，还把他放走了。又如，郭解每次出入，总有一个人傲慢地蹲坐着看他，郭解的门客想要杀了他，都被郭解阻止了。后来，郭解暗中嘱托县尉，请求免去此人的差役。那人知道后，袒衣露体向郭解谢罪。有一次郭解帮忙调停一对外乡的仇家，调解完连夜离开，不让别人知道自己经手此事，以示对当地贤豪的尊重。这些事情使郭解义薄云天的美名传扬更盛。

不过，随着汉朝不断加强中央集权，像郭解这般对地方社会有重大影响力的人物引起了朝廷的重视。武帝将富豪家族迁往茂陵，以便集中监督管理。郭解家产不到三百万贯，照理不算富豪之列，但依然被列入迁徙名单。郭解请大将军卫青替他说情，被武帝以郭解一介平民却能动员大将军替他说情，可见家中并不贫穷为由驳回。郭解最终只好迁徙入关。

其实，郭解是被时任县吏杨季主的儿子提名迁徙的。郭解的侄子为了给郭解出气，砍了杨季主儿子的头，后来郭解又杀了杨季主。郭、杨两家因此结仇。杨季主家人上书告发郭解，又被郭解的门客杀死在京师宫廷门下。此事惊动了武帝，武帝令官吏彻查此事并拘捕郭解。但郭解一路受到庇护，追捕过程极其艰难。官吏好不容易抓获郭解，又遇上武帝大赦，只好作罢。最终，因郭解门客杀了一个说郭解坏话的儒生，丞相公孙弘以郭解虽不知情，但以郭解作为普通百姓任侠行权、大逆不道为由，屠灭郭解全族。此后，天下行侠者虽多，但再无如郭解这般有如此影响。

郭解之徒消失于武帝一朝并非偶然。武帝朝正是中央政府由弱变强、等级制度趋于完善的转型期。随着中央实力逐渐稳固，对地方的控制成为重要议题。武帝时，西汉前期侠士们的“行侠仗义”被认为是对中央权威的挑战。游侠们在武帝朝被严加管控，甚至被铲除就不难理解了。

司马迁对郭解之死充满遗憾，但也并未一味歌颂所谓“侠义之士”。他对笼络人心以为己用而行善的“战国四公子”，以及欺凌弱小、横行霸道的“豪暴”之徒予以批评。司马迁写这些人，更多是出于对他们个人魅力的赏识。本篇写作其实是将儒士与游侠对举，借此表达对像公孙弘这样虽有高名但只知阿谀人主的儒生的不满。除此之外，正如韩非子所言“儒以文乱法，侠以武犯禁”，本篇列传中的几位游侠在行侠仗义时往往越轨而行，与国家法令产生冲突。

《游侠列传》是《史记》的名篇之一，但东汉史家班固在《汉书·游侠传》中批评郭解之流为“以匹夫之细，窃生杀之权”。他认为“自卿大夫以至于庶人各有等差”，“百官有司”只需“奉法承令”便可“上下相顺，庶事理焉”。这与成长于西汉前期、尚秉六国余绪的司马迁对秩序的理解完全不同。由此可见，成长于不同时代下的史家对同一史事有不同的看法。史家、史论与时代的关系也是阅读历史时要关注的。

陆叁

甚哉爱憎之时

——评弄臣近幸

太史公曰：甚哉爱憎之时！弥子瑕[①]之行，足以观后人佞幸矣。虽百世可知也。

卷一百二十五·佞幸列传

【注释】

① 弥子瑕：先秦寓言，典出《韩非子·说难》："弥子瑕有宠于卫君。卫国之法，窃驾君车者罪刖。弥子瑕母病，人闻有夜告弥子。弥子矫驾君车以出。君闻而贤之曰：'孝哉！为母之故，忘其犯刖罪。'异日，与君游于果园，食桃而甘，不尽，以其半啗君。君曰：'爱我哉！忘其口味，以啗寡人。'及弥子瑕色衰爱弛，得罪于君。君曰：'是固尝矫驾吾车，又尝啗我以余桃。'故弥子之行未变于

初也，而以前之所以见贤而后获罪者，爱憎之变也。”

【译文】太史公说：当这些人受宠的时候，就可以大富大贵，炙手可热；而一旦失宠，也可以祸灭三族，这全在帝王的爱憎之间了。弥子瑕早年深受卫灵公宠信时，曾偷用卫灵公的车驾，还把他咬过的桃子给卫灵公吃，这些都不算回事；一旦年老力竭便被卫灵公厌恶抛弃，旧账重提，对之重重罚治。他的经历就足以看到后来佞幸之人的结局了，哪怕百代以后也是如此。

【讲评】本篇讲述了邓通、韩嫣和李延年这些近侍大臣的史事。所谓佞幸，指的是通过取悦皇帝获得宠信的弄臣，他们可能是宦官，也可能是士人。一般而言，这些人没什么太大的才能，只是因为皇帝的偏爱，所以才会有权势。

比如本传中的邓通并无任何政治才干，因会划船当上了黄头郎。他之所以发达，只是因汉文帝曾经做了个梦，梦到有一个身着横腰衣衫，衣带结在背后的黄头郎把自己推上天。文帝醒来发现邓通和梦里的黄头郎最为相像，认为邓通是自己的贵人，于是越发宠信他。邓通个性老实谨慎，又善于逢迎，文帝前后赏赐邓通财富以巨万数，并将其拔擢至上大夫。有一次，看相人预言邓通注定会穷困饿死，汉文帝便把四川严道的铜山赐给邓通，允许他私自铸钱，以免真如看相人所说因贫饿而死。“邓氏钱”通行天下，邓通立刻跻身巨富阶层。

汉文帝曾经得了毒疮，邓通就经常为文帝吸吮患处。文帝问邓通：“天下人谁最爱我？”邓通说：“应该是太子最爱您。”太子前来探病，文帝令其吸吮毒疮，太子从命但脸上显露出不情愿的表情。不久，听说邓通常为文帝吸吮毒疮，内心惭愧，但也因此怨恨起了邓通。

武帝时期士人韩嫣和宦官李延年也是汉代著名的弄臣。韩嫣在武帝当胶东王时，二人一起读书、游猎，同进同出。武帝即位后想与匈奴开战，韩嫣为武帝训练士兵，深得武帝信任。当时，韩嫣出行的阵仗堪比皇帝，惹得江都王又羡又气。宦臣李延年则靠着自己的妹妹受宠得以显贵，其善歌为乐，善于逢迎武帝的心思。李延年曾享受过与韩嫣同样的待遇，与皇帝一起出行。

不过，三人最后下场都不好。邓通因为文帝吸吮患处一事，无形中置太子于尴尬处境，得罪了太子（即景帝），太子即位后，被抄没家产，贫困至死。韩嫣因其奢华的排场惹恼了江都王和皇太后，被迫自杀。李延年在宫中放肆骄纵，与宫女淫乱，终被武帝弃之如敝屣。

司马迁对这种以取悦皇帝为能事的人向无好感，尤其当他们掌握大权后还有可能操纵朝政，外廷官员想要建言献策还有赖于近臣的关说，这无疑改变了朝廷的内外秩序。但司马迁也清醒地认识到此类人群存在的原因并非仅仅简单的逢迎，而是在特定时期满足了皇帝的某些需求。因此，他在解释自己写作此篇的原因时说道："事人君，能说主耳目，和主颜色而获亲近，非独色爱，能亦各有所长。"例如，韩嫣作为武帝的亲信，能为武帝训练征伐匈奴的士兵；李延年能歌善舞，亦可解武帝一时烦忧。从人性角度讲，皇帝也需要情感慰藉，需要有人为其分担痛苦，这也是佞幸始终能够存在的重要原因。

陆肆

谈言微中，可以解纷

——评优伶故事

太史公曰：天道恢恢，岂不大哉！谈言微中，亦可以解纷。

太史公曰：淳于髡仰天大笑，齐威王[①]横行。优孟摇头而歌，负薪者以封。优旃临槛疾呼，陛楯得以半更。岂不亦伟哉！

卷一百二十六·滑稽列传

【注释】

① 齐威王：战国时齐国国君，齐桓公之子。初好淫乐，委政卿大夫，致朝政荒怠，诸侯并侵。后起而图治，赏罚分明，先后任邹忌、田婴为相，田忌为将，孙膑为军师，虚心纳谏，国力渐强。

【译文】太史公说：世上的道理是很多的，解决问题的办法不止一种，说话偶尔能说到点子上，就可以解决不少纠纷。

太史公说：淳于髡仰天大笑，于是齐威王便能无敌天下。优孟摇头歌唱，砍柴人就能受到封赏。优旃临靠栏杆大声疾呼，阶下卫士就能够减半执勤。这些难道不伟大、不值得歌颂吗！

【讲评】本篇讲述了淳于髡、优孟和优旃等滑稽人物的故事。这些赘婿、倡优地位不高，但其勇气与智慧非凡，常能用极富技巧的言辞成功劝谏君王，因此司马迁为其列传述之。

淳于髡是齐国的一个上门女婿，身高不到七尺，行为滑稽，但十分有辩才，常奉命出使诸侯各国。齐威王即位之初，整天沉溺于淫乐酒色，国家大事委托给卿大夫处理。然而，朝中官员也荒淫无度，政治腐败，各国诸侯闻讯都来侵略齐国。齐王身边的大臣都不敢进言，只有淳于髡用隐语劝谏。他问齐威王，城中有只大鸟，停在国王庭院中，三年来既不飞也不叫，大王您认为这只鸟是怎么回事呢？齐威王答以“此鸟不飞则已，一飞冲天；不鸣则已，一鸣惊人”。觉醒后的齐威王，对内治理百官，对外发兵御敌，把被侵占的齐国土地全部夺回，使齐国强大，威行三十六年。

齐威王八年，楚国大举进攻齐国。齐威王派淳于髡向赵国求援，给了他百斤黄金和十辆马车。淳于髡仰天大笑，把帽带子都笑断了。齐威王不解道，难道是嫌弃礼物不够吗？淳于髡没有正面回答，只是以一则见闻回应，说自己从东边来的路上，看到一个农夫只拿一只猪蹄和一杯酒便向土地神祈祷来年高处狭窄的田地能够大丰收。齐威王顿时明白淳于髡的暗讽，当即增加礼物：黄金一千镒、白璧十对、马车百辆，最后顺利向赵国借到了援兵。

楚国撤兵后，齐威王十分高兴，在后宫摆酒设宴，招待淳于髡。齐威王问淳于髡能饮多少酒。淳于髡答以一斗也醉，一石也醉。齐威王不解。淳于髡答道，如果大王赏酒喝，御史和执法在旁边，我心惊胆战，端着酒杯不停敬酒，那么不到二斗便醉了。但如果酒席氛围轻松，男女促膝而坐，杯盘狼藉，此时我心中快乐，能喝下一石酒。所以，酒多则乱事，乐极则生悲，一切事物皆是如此。什么事都不能过分，不然就会衰败。齐威王听罢，停止了宴饮。

淳于髡以后一百多年，楚国出了个优孟。优孟也擅长用说笑的方式来劝谏楚王。有一次楚王的爱马因长得太肥死了，楚王要求按大夫的规制厚葬此马，并下令谁敢妄议此事，以死论处。优孟反其道行之，刚进殿门仰天大哭，指责楚王既然是爱马，怎可以大夫的等级来安葬，应该以美玉做棺材，用樟、枫等上等木料做棺椁，让士兵挖墓穴，让老弱之人挖土垒坟，设立庙堂，封万户大县作为供奉。如此，天下人知道楚王爱马而轻人了。楚王一听知道自己的行为有点荒唐，就再也不提这件事了。

孙叔敖听说优孟贤能，叮嘱自己的儿子说，自己死后，一定要去找优孟。孙叔敖去世后，其子生活贫困，在一次打柴途中偶遇优孟，说起其父临终前的嘱托。优孟听罢，马上做了一套和孙叔敖一模一样的衣服，模仿孙叔敖的言行举止。一年后，优孟早已模仿得惟妙惟肖，楚王和左右大臣甚至以为孙叔敖复活，想请他做楚国宰相。优孟此时说道，楚国的宰相不当也罢，孙叔敖在世时，尽忠职守，楚国得以称霸。死后，其子却贫无立锥之地。楚庄王闻言，心知其过，赶紧召见孙叔敖之子，赏给他寝丘四百户封地以祀孙叔敖。

优孟之后二百多年，秦国出了个优旃。优旃专长表演唱戏，身材矮小，但他特别擅长讲笑话。有一次，秦始皇在宫中大摆酒宴，天正大雨，守卫的士兵都冻得哆嗦。优旃心里同情卫兵，让他们届时听到自己的喊话便高呼“诺”。过了一会儿，优旃借群臣向秦始皇敬酒的机会，临栏大呼，卫兵们高声应答。没想到优旃却说，“你们虽然高大，却只能在外面淋雨，我虽矮小，却可在屋中避雨”。秦始皇听闻此言，让卫兵分成两班，相互轮值。

后来，始皇想扩建皇家园林，东至函谷关，西至雍县、陈仓。优旃举手赞同，说一定要多放些禽兽进去，这样敌人进犯，就可以让麋鹿用角去抵抗了。秦始皇一听，遂作罢。

秦二世即位后，曾想粉刷一遍咸阳城的城墙。优旃说，这个想法虽然耗费民力，但如果真能实现，将城墙漆得光亮平滑，使敌人爬不上去，确实不错。问题是要阴干城墙的油漆还得建一座大房子罩住，这可有点难办。秦二世笑了笑，终止了这个计划。

像这样通过反讽来达到劝谏目的的例子还有很多。所以，司马迁才说，世界上解决问题的办法有很多，并不一定要正儿八经地讲些大道理，有时换种方式表达会更容易让人听进去，对于解决问题反而会有更大的帮助。

陆伍

善者因之，其次利道之，其次教诲之，其次整齐之，最下者与之争

——评商人与商业

太史公曰：夫神农[1]以前，吾不知已。至若《诗》《书》所述虞夏[2]以来，耳目欲极声色之好，口欲穷刍豢之味，身安逸乐，而心夸矜执能之荣。使俗之渐民久矣，虽户说以眇论，终不能化。故善者因之，其次利道之，其次教诲之，其次整齐之，最下者与之争。

卷一百二十九·货殖列传

【注释】

① 神农：即神农氏。传说中农业、商业、音乐和医药

的发明者。战国时人传神农“人身牛首”，教人播种五谷，发明农业生产工具，传授打井技术，是为农业神。又曾“日中作市”，使民交易，是为商业神。又曾创制五弦琴，是为音乐神。又曾“尝百草”而知医药，是为医药神。一说神农即炎帝。

② 虞夏：指有虞氏之世和夏代。

【译文】太史公说：神农氏以前的事，我不知道。至于《诗经》和《尚书》里所记载的虞、夏以来，人们要穷尽各种耳目口腹的享受，安于舒适快乐，并且沾沾自喜于权势带来的荣耀，这些浸染到老百姓已经很久了，即便用精妙的理论挨户去劝说，也无法感化他们。所以，最好的办法是顺其自然，其次因势利导，再次是对百姓进行教育，再次是用政令加以限制，最坏的办法就是与民争利。

【讲评】本篇专门为商人立传。当时的主流思想是“重本抑末”，即重视农业生产，轻视商业活动。所以，“士农工商”四民社会，商人一直是排在最后的。司马迁在《史记》中专门为商人立传，显示了司马迁本人独特的经济观念和道德观念。

司马迁在本传中主张一种自然无为的经济观，即各行各业都会因为自己的需求来生产东西，农民会种粮食，工匠制造工具，商人流通贸易，这些行为都是自然而然发生的，不需要政令去引导。在司马迁眼里，这就是“道”在起作用。司马迁记载的管仲、计然、范蠡（也就是后来商人尊奉的祖先——陶朱公）都是主张因势利导，为国家或者为自己积累了巨额财富。

司马迁的义利观上和管仲相同，主张“衣食足而知荣辱，仓廪实而知礼节”，对子贡通过自己的财富宣扬老师孔子的观念给予了赞赏。司马迁虽然也主张节俭，但更主张以奇巧制胜。他虽是一介书生，但毫不迂腐，对财富的观念非常灵活，这与当时重义轻利、重农抑商的主流观点有很大不同。真正高明的人不会拘泥于某种观念不放，司马迁在本传中展现出的通达令人印象深刻。

本传也详细记载了各地特产，比如山西山区生产木材、竹子等，长江以南出产楠木、生姜、桂皮等，为我们了解当时的风土人情和自然环境提供了重要依据。

陆陆

士贤能而不用，有国者之耻；主上明圣而德不布闻，有司之过也

——司马迁评史

太史公曰："先人有言：'自周公卒五百岁而有孔子。孔子卒后至于今五百岁，有能绍明世，正《易传》，继《春秋》，本《诗》《书》《礼》《乐》之际？'意在斯乎！意在斯乎！小子何敢让焉。"

太史公曰："唯唯，否否，不然。余闻之先人曰：'伏羲[①]至纯厚，作《易》八卦。尧舜[②]之盛，《尚书》载之，礼乐作焉。汤武[③]之隆，诗人歌之。《春秋》采善贬恶，推三代之德，褒周室，非独刺讥而已也。'汉兴以来，至明天子，获符瑞，封禅，改正朔，易服色，受命于穆清[④]，泽流罔极，

海外殊俗，重译款塞，请来献见者，不可胜道。臣下百官力诵圣德，犹不能宣尽其意。且士贤能而不用，有国者之耻；主上明圣而德不布闻，有司之过也。且余尝掌其官，废明圣盛德不载，灭功臣世家贤大夫之业不述，堕先人所言，罪莫大焉。余所谓述故事，整齐其世传，非所谓作也，而君比之于《春秋》，谬矣。”

太史公曰：余述历黄帝以来至太初⑤而讫，百三十篇。

卷一百三十·太史公自序

【注释】

① 伏羲：又称“宓羲”“包牺”，传说中的古帝王，为华胥氏踏雷泽边大脚印而怀孕所生。他龙身、牛耳、虎鼻、山准、大眼、长九尺多。因有德而教民畜牧，取牲畜以充庖厨，故名“伏羲”。他还画八卦用以占卜。天赠以鸟兽文章，地献以河图、洛书，遂驾驭天下。

② 尧舜：儒家所尊崇的古代圣人。相传尧舜相继为

王，舜通过尧的禅让而取得帝位。尧舜是孔子最推崇的人物，儒家将尧舜及其治理的时代绝对美化，视尧舜与禹、汤、文、武、周公、孔子为圣人。

③ 汤武：指商汤和周武王。

④ 穆清：指天。

⑤ 太初：汉武帝的年号，即公元前 104—前 101 年。

【译文】太史公说："先人有言：'周公死后五百年出了个孔子。孔子死后到现在又五百年，有能够绍述盛世，整理《易传》，续写《春秋》，遵循《诗》《书》《礼》《乐》的精神的人吗？'大概就是我吧！我怎么敢推辞呢。"

太史公说："是的，不不，不是这样的。我听先人说：'伏羲最为纯良敦厚，作《易》八卦记述当时的文明。尧舜的盛世，《尚书》有所记载，又有人制礼作乐来彰显它。商汤、周武王的隆盛，有诗人为其歌颂。《春秋》褒善贬恶，推崇夏商周三代的盛德，褒扬周王室，不仅仅是讽刺批评而已。'汉朝建立以来，天子圣明，天降福瑞，行封禅大典，改订历法，更换服饰颜色，受命于天，大国恩泽流布海外，不同风俗的国家使者经过几重翻译来到中国，来国进献者不绝如缕。文武百官竭尽全力歌功颂德但还觉得未尽其意。有贤能之士不被重用，这是国家的耻辱；天子圣明但其德行不被广为所知，这是有关官员的罪过。更何况我作为史官，不记载天子圣德，不记述功臣世家贤大夫的功业，忘记先父遗言不把这些传述给后世，那罪过就更大了。我记载的历史事件，只是整理旧事，叙说故事而已，并不是自己创作。将它和《春秋》作比，就不对了。”

太史公说：我自述从黄帝以来到太初四年的历史，总共一百三十篇。

【讲评】本篇是《史记》的最后一篇，既是《史记》的自序，也是太史公司马迁的自传。大体来讲，《太史公自序》（以下简称“自序”）有两个重要作用。其一是明确写作主旨和明定篇目次序，自序中对每篇传记的大体内容和思想倾向都加以说明。读者不妨将自序作为索引，在阅读某篇传记遇有不解时，可按图索骥，查阅自序，更容易把握太史公写作时的主旨倾向。其二是自叙司马迁本人的人生经历和思想倾向，古语有云：“颂其诗，读其书，不知其人可乎？”知人论世是中国文史的重要传统。司马迁自述其修史欲“究天人之际，通古今之变，成一家之言”，所谓“一家之言”便是融入了他自身的人生经历和体悟，所以从自序中了解司马迁的生平十分重要。东汉班固在写作《汉书·司马迁传》时主要参考了此文和《报任安书》。

司马迁，字子长，汉左冯翊夏阳（今陕西韩城县）人，年轻时曾游历四方，二十岁时南游江淮，登会稽山，探禹穴；又在沅、湘（今湖南）一带访古，北涉齐鲁，观孔子遗风；历官郎中，奉使西征巴蜀以南，到达昆明等地。可以说，司马迁走遍了当时汉地的大部分地区，这为其后来写作《史记》诸篇，如《夏本纪》《屈原贾生列传》《孔子世家》《西南夷列传》等提供了切实的体验。

自古以来，史官都是一种世袭的职业，从颛顼时期的南正重掌管天文，北正黎掌管地理，到周宣王以后的司马氏世代掌管周史，历经春秋战国，从司马错到司马靳，再到司马昌、司马无泽、司马喜，最后到司马迁的父亲司马谈，司马氏家族一直以来以史官作为世袭职业。

司马迁子承父业。司马谈临终前，与司马迁执手相泣、以史相托的场面，尤其令人动容。司马谈一生最为遗憾的是作为史官因病留滞周南，无法参加汉武帝封禅大典，未能如实记录此事。司马谈对此心怀愧疚，认为自己没能尽到史官的职责，因此临终前对司马迁告诫再三，要他尽己所能秉笔直书，留存信史。父亲司马谈的这番话激发了司马迁记传修史的雄心，故而以周公、孔子五百年相继的话相标榜，又以“小子何敢让焉”激励自己。历史的厚重与传承在司马迁父子身上得到了最鲜活的体现。

然而，天有不测风云，司马迁后因为李陵辩白而得罪汉武帝，又没钱赎罪，只好接受宫刑。他用周文王、孔子、屈原、左丘明等人的事迹激励自己忍辱负重，于愤懑积郁中完成一百三十篇、五十二万字的《史记》。

司马迁在刑后痛苦万分，无一日不生活在屈辱之中。但为了完成《史记》，只好苟且于人世。为了能让《史记》藏诸名山，传诸后世，司马迁反复强调自己著史不像《春秋》一样有褒贬之意，只是详述其著书目的和经过。他在回答壶遂的诘问中可见一斑。壶遂问道：“孔子时，上无明君，下不得任用，以作《春秋》，将其以礼义治世的思想宣示于人。当今天子贤明，百官尽职，各行各业都有序发展，你今天写《太史公书》，究竟想要做什么？”面对这样的提问，司马迁陷入了狼狈状态，才有了“唯唯，否否，不然”这种进退失据的样子，后面的回答完全改为颂圣，表示自己作史完全是为了记载天子的圣德，以一套口不应心的话避免旁生枝节。

通读《史记》，虽然很多篇目只是依年月记事，初读之下无明显褒贬之意，但仔细体会仍可发现司马迁本人鲜明的情感倾向。他批判暴政强权，同情弱者和失败者，在义利二字面前，几乎无一例外倾向于舍利取义。这些极具个人色彩的价值判断，极其鲜明地体现了司马迁的人文主义关怀。

尽管现代史学研究表明，《史记》中的记载有若干舛误之处，但今天我们阅读《史记》，除了了解从黄帝到武帝太初四年近三千年的历史外，更应从太史公笔下体悟一种人文主义的关怀，从一个个鲜活的个体中感受到大历史与小人物之间的彼此关联，感悟每个历史人物的行动选择背后的局限，这也是作为人文学科的传统史学带给今人的一笔精神财富。

参考文献

- 司马迁：《史记》，中华书局 1982 年版。
- 韩兆琦：《史记精讲》，中国青年出版社 2008 年版。
- 韩兆琦评注：《〈史记〉（评注本）》，岳麓书社 2004 年版。
- 吴兆基等译：《文白对照全译〈史记〉》，黄山书社 1997 年版。
- 逯耀东：《抑郁与超越：司马迁与汉武帝时代》，生活·读书·新知三联书店 2008 年版。
- 陈正宏：《史记精读》，复旦大学出版社 2005 年版。
- 姚大力：《司马迁和他的〈史记〉》，复旦大学出版社 2016 年版。
- 李长之：《司马迁之人格与风格》，商务印书馆 2011 年版。
- 陈苏镇：《〈春秋〉与“汉道”：两汉政治与政治文化研究》，中华书局 2011 年版。
- 余英时：《士与中国文化》，上海人民出版社 2011 年版。
- 李开元：《汉帝国的建立与刘邦集团：军功受益阶层研究》，生活·读书·新知三联书店 2000 年版。

- 吕思勉:《秦汉史》，上海古籍出版社 2005 年版。
- 阎步克:《士大夫政治演生史稿》，北京大学出版社 2015 年版。
- 田余庆:《秦汉魏晋史探微》，中华书局 2011 年版。
- 杨宽:《战国史》，上海人民出版社 2003 年版。
- 黄留珠:《秦汉仕进制度》，西北大学出版社 1985 年版。
- 杨燕起:《〈史记〉的学术成就》，北京师范大学出版社 1996 年版。
- 可永雪:《〈史记〉的文学成就论衡》，中央民族大学出版社 2012 版。

后记

《史记》是中国传统两大史学名著之一，一直以来为国人所重视，相关研究汗牛充栋，形成了《史记》学专门学问。但《史记》的研读还更多体现在学术研究上。《史记》内容丰富、文字量大，涉及三千年历史，如何帮助普通大众更好地抓住《史记》主旨，普及历史，掌握经典，吸取历史经验教训，是一项紧迫而有意义的工作。我学史有年，希望能为史学的普及尽一分力量。然而，做史学普及看似简单，实则不易，把学术研究成果以通俗易懂的语言，深入浅出地传递给普通读者，颇具挑战，需要下一番苦功，写作难度超过我的想象，文章几易其稿，最终得以呈现在读者面前。

《史记》是纪传体，每篇虽貌似一个独立的小故事，但传主与传主之间却有千丝万缕的联系，同一史事涉及的人物众多，相关内容分散在不同传记之中。因此，要做到彼此之间呼应关联，需要有观其会通的自觉。《史记》的每篇传记大致可分为史事与史论两部分。史事着重叙述人物生平与相关事件，史论则是司马迁对其人其事的评价。为了将此二者尽可能展现在读者面前，本书将每篇内容分成四部分，即“太史公曰”的原文、注释、译文和对整篇传记的讲评。讲评中择其要点，抓住主要事件介绍传主生平事迹，以加深对“太史公曰”这一史论的理解。同时，为帮助读者快速把握每篇主旨，选取“太史公曰”原文中最核心且较为通俗的字句作为标题。为使讲评更为深刻，我参考了前辈学者的相关研究，希望呈现出特定历史时期的政治文化氛围与个体行动之间的彼此关联，而非简单的传主个人的成败史。

感谢党建读物出版社在本书的写作和出版过程中给予的支持和帮助，责编在体例设计、写作构思、书稿修改等方面给予了不少有价值的建议。感谢我的家人。他们是我文章的第一批读者。他们作为普通读者，时常提醒我切忌自以为是，要具备强烈的读者意识。感谢我的恩师们，他们严谨的治学态度、深厚的学识素养、高尚的师德师风，点燃了我对文史之学的热情并领我一窥堂奥。感谢中国历史研究院古代史研究所王申师兄的引荐，使我与此书结缘，有机会尝试通俗史学读物的写作。

我深知个人能力有限，但弘扬和普及史学的努力，则“小子何敢让焉”。

作者

2022 年 10 月

图书在版编目（CIP）数据

史鉴：司马迁评史 / 王文豪编著．— 北京：党建读物出版社，2022.11

ISBN 978-7-5099-1500-4

Ⅰ．①史… Ⅱ．①王… Ⅲ．①《史记》—通俗读物
Ⅳ．① K204.2-49

中国版本图书馆 CIP 数据核字（2022）第 176428 号

史鉴
SHIJIAN
司马迁评史
王文豪　编著

责任编辑： 郝英明
责任校对： 张学民
封面设计： 林胜利
出版发行： 党建读物出版社
地　　址： 北京市西城区西长安街 80 号东楼（邮编：100815）
网　　址： http: // www. djcb71. com
电　　话： 010 – 58589989 / 9947
经　　销： 新华书店
印　　刷： 北京盛通印刷股份有限公司
2022 年 11 月第 1 版　2022 年 11 月第 1 次印刷
787 毫米 ×1092 毫米　16 开本　21 印张　185 千字
ISBN 978-7-5099-1500-4　定价：42.00 元
